Mechanical Clowns on Tour
MECHANISCHE CLOWNS AUF TOUR

REINHOLD BLECHNER

MECHANISCHE CLOWNS AUF TOUR

Mechanical Clowns on Tour

Verlag Puppen & Spielzeug

Die Deutsche Bibliothek – CIP-Einheitsaufnahme
Mechanische Clowns auf Tour = Mechanical clowns
on tour / Reinhold Blechner. – Duisburg:
Verlag Puppen & Spielzeug, 1994
ISBN 3–87463–203–2
NE: Blechner, Reinhold; Mechanical clowns on tour

VORWORT

Jede Sammlung, die sich nicht irgendwann zu einem kunterbunten Chaos entwickeln soll, erfordert Disziplin und Selbstbeschränkung, natürlich auch Lust und manchmal sogar Leidenschaft. Der Erwerb einiger alter Spielzeuge ist denn auch meistens zunächst noch nicht mit einem gezielten Sammlungsaufbau verbunden, nur ein paar dekorative Kindheitserinnerungen oder unerfüllt gebliebene Kinderträume sollen angeschafft werden. Die gedankliche Auseinandersetzung mit dem Sinn des Sammelns entwickelt sich bei Laien meist erst mit der Sammlung selbst; daß die Beschränkung auf das Typische mehr Qualität verspricht als ein umfangreiches Sammelsurium ist oft erst eine Erkenntnis innerhalb dieses Prozesses.

Ähnlich wie Briefmarkensammler, die anfänglich noch jedes gezackte Stückchen Papier horten und später erst Strukturen in Form von Länder- oder Motivsammlungen entwickeln, verfahren auch mehr und mehr Blechspielzeugliebhaber: Nach der Anfängerphase, in der möglichst viel günstig erworbenes „Blech" in Vitrinen und Regale wandert, erfolgen meist mehrere Umstrukturierungen der entstehenden Sammlung. Oft wird die entscheidende Neigung erst durch Literaturstudium, Einblicke in über viele Jahre gewachsene Sammlungen, Börsenbesuche oder Kontakte zu anderen Sammlern geweckt. Die vielfältigen Möglichkeiten zur Spezialisierung werden häufig erst nach einer mehrjährigen Entdeckungsreise durch die Welt des alten Spielzeugs gefunden und durch den Geldbeutel begrenzt.

Da für einzelne Raritäten, etwa Märklin-Schiffe, das Jahreseinkommen eines Durchschnittsverdieners oft nicht reicht, muß das angestrebte Sammlerziel meist

INTRODUCTION

To prevent a collection from turning into a chaotic and higgledy-piggledy accumulation it takes discipline and restraint, but it also requires dedication, and sometimes even a burning obsession. The first old toys aren't bought with the intention of beginning a collection, they're only meant to be a couple of decorative childhood memories or purchased to fulfil a childhood dream. For most amateurs the immediate question of why they are collecting something is asked after several items have already been purchased and then it's gradually recognized that if collecting is restricted to a specific area there will be a better chance of owning a good quality collection than if only a large number of hotchpotch items are accumulated.

More and more tin toy collectors follow the example of stamp-collectors, who amass any pieces of paper with serrated edges to start off with but are more choosey later on and pick out categories like countries or certain motives. After the initial stage, in which as many good 'tin' purchases as possible are displayed in show-cases and on shelf units, the collection usually passes through a couple of restructuring processes. Very often a special field of collecting is picked out after studying literature, looking at collections of many years standing, visiting exchanges or by meeting up with other collectors. Specialization in a field which has numerous potentialities is often made after several years of exploring the world of old toys. Also the individual financial situation has to be taken into account, of course.

Because special rarities like, for example, Märklin ships sometimes cost more than the standard annual wage of an average worker, this usually means that collecting

bescheidener ausfallen. So entscheiden sich viele Sammler z. B. für bestimmte Firmen oder auch nur einen Teil aus deren Sortiment, andere suchen Autos, Tiere oder Clowns. Auch innerhalb dieser Motivsammlungen sind vielfältige Differenzierungen möglich: auf bestimmte Produktionszeiten, Hersteller, Herkunftsländer oder Motive, z. B., nur auf Musikanten oder Artisten.

Tausende verschiedener mechanischer Figuren aus Blech und anderen Materialien dürften seit Beginn der industriellen Produktion von Spielzeug hergestellt worden sein. Da Dokumente über die Spielzeugfertigung der vergangenen Jahrzehnte, besonders aber aus dem 19. Jahrhundert, nur spärlich vorliegen, ist eine vollständige Erfassung nicht mehr möglich. So kann auch hier nur versucht werden, einen kleinen Überblick von der Vielfalt des Clownspielzeugs aus der Zeit

aims have to be modest ones. Many collectors therefore select specific firms or just a special section of the assortment, others choose cars, animals or clowns. There are also a large number of possible differentiations within any single field, like limiting things to a particular production era, manufacturer, land of origin, or motive, e.g.- just musicians or artists.

Thousands of various mechanical figures of tin and other materials must have been made since the beginnings of the industrial manufacture of toys. A complete coverage of all of them is no longer possible because there is scanty documentation on toy production, especially that of recent decades and the nineteenth century, so this book can only attempt to present a small survey of a variety of toy clowns from the era between roughly 1880 and 1980. There are rare and ex-

Früher zog manch ein Zirkus vor den Vorstellungen mit Elefanten, Pferden, Artisten und Clowns zur Bekanntgabe des Ereignisses noch durch die Straßen der Stadt; heute übernehmen diese Aufgabe großflächige Plakate. Für die clownesken Attraktionen aus dem mechanischen Spielzeugzirkus trommelt der „Solisto" von Schreyer & Co. (Schuco) aus den dreißiger Jahren neben einer als Reklamesäule gestalteten Spardose von Schopper (Zirndorf), die heute noch im Handel ist.

In earlier times, many of the circuses paraded through the streets of the towns with elephants, horses, artists and clowns to advertise the coming performances; today extensive coverage by billboarding has taken over this function. The clownish attractions of the mechanical toy circus is heralded by the drumming Schreyer & Co (Schuco). "Solisto" from the thirties who is next to a money-box by Schopper (Zirndorf) in the form of an outdoor advertising pillar - this can still be bought today.

von etwa 1880 bis 1980 zu geben. Unter ihnen befinden sich seltene und teure Raritäten, aber auch noch häufig zu findende Exponate wie die bekannten Schuco-Tanzfiguren mit dem Clownskostüm und Spielzeug aus Japan.

Gemessen an vielen Sammlungen und den Angeboten auf manchen Spielzeugmärkten ist die Anzahl der ausgewählten Objekte auf den folgenden Seiten äußerst bescheiden, aber schon dieser kleine Einblick mag vielleicht Spielzeug- und Zirkusfans einige Eindrücke von einer speziellen Kinderwelt der letzten Jahrzehnte vermitteln.

Mechanische Spielzeugfiguren waren in der Regel zwischen 12 und 20 cm hoch, deshalb wird bei den meisten Abbildungen auf Größenangaben verzichtet. Die Herstellerangaben beziehen sich auf die vielfach an den Spielzeugen oder auf den Schachteln angebrachten Signets der Produzenten; wo dies nicht möglich war, sind alte Kataloge die Quelle. In einigen Fällen war auch eine Identifizierung nur aufgrund bestimmter Konstruktionsmerkmale der jeweiligen Fabrikanten möglich.

Die Datierungen beziehen sich weitgehend auf Abbildungen in alten Katalogen und sind nur für das jeweilige Jahrzehnt gemacht. Da viele Spielzeuge oft über mehrere Jahre unverändert hergestellt wurden, können sie also auch älter oder jünger sein.

pensive treasures mentioned, but there are very often also items like the famous Schuco Dancing Figures in clowns' costumes and toys from Japan. Compared to the contents of many collections or the number of items on offer at toy exchanges, the amount of selected objects mentioned in the following pages is very unpretentious; but perhaps this small selection will inform toy and circus fans a little bit more about the special world of a child in the nineteenth century.

Mechanical toys were usually 12 to 20 cm high that's why there's no size indication on most of the photos. As a rule the details about the manufacturer have been taken from the toy or the company's insignia on the box - where this is not available catalogues are used as the source of information. In some cases an identification was only possible by recognizing certain construction details of the company in question.

For the most part, the dates are based on old catalogue specifications and only apply to a certain decade. However, because certain toys were often manufactured in an unchanging form for several years this naturally means that they can be correspondingly a couple of years older or younger.

ZIRKUS UND SPIELZEUG

THE CIRCUS AND TOYS

Daß Totgesagte oft noch ein langes Leben führen, ist einerseits zwar nur eine recht abgedroschene Phrase, wurde andererseits in der Vergangenheit und anläßlich vieler Gelegenheiten jedoch schon oft genug bewiesen.

Auch der Zirkuswelt, dem Varieté und den anderen Bühnen des Clowns prophezeite man nach mehrfachem Siechtum spätestens mit dem Einzug bewegter Bilder in die Wohnzimmer während der sechziger Jahre das endgültige Aus. Vom kleinen Familienbetrieb, der meist nur in Vorstädten und Dörfern gastiert, bis hin zum großen Staatszirkus finden jedoch immer noch die Attraktionen unter dem Zirkuszelt ihr begeistertes Publikum, und an manchen Fernsehabenden erobern sie sich sogar den Bildschirm.

Trotz vieler Schwierigkeiten leben der Zirkus und verwandte Darbietungen. Von André Hellers poetischem Varieté „Flic Flac", Anfang der achtziger Jahre, den Zirkussen „Roncalli" oder „Fliegenpilz", der die Tradition des Zirkus mit farbenprächtigen Wasserspielen wieder zum Leben erweckte, und einigen anderen Unternehmen ließen und lassen sich immer noch gern viele Menschen faszinieren und für ein paar Stunden in ein Land voller Phantasien und Träume entführen. Mit der Wiederkehr der Poesie in die Zirkuszelte kam auch das Publikum gern zurück.

Die Ursprünge des Zirkus sind nicht mehr genau zurückzuverfolgen, lediglich das Wort Circus gibt Hinweis auf eine Verwandtschaft mit den kreisförmigen und ovalen römischen Kampfarenen; die Vorführungen jedoch haben nichts Gemeinsames mehr mit Wagenrennen, sich gegenseitig zerfleischenden Raubtieren und

In the past it has often been said, and proved, that something tottering on the edge of extinction battles on to see another day. Several times, the world of the circus, variety entertainment and the other theatre stages where clowns perform, were said to be in decline. Their ultimate end was predicted in the sixties, when moving pictures invaded people's homes. However, the small family circuses who mostly perform in villages or on the outskirts of large towns, and the great state circuses still attract enthusiastic audiences, some evenings they're even one of the main attractions on the television screens.

In spite of many difficulties the circus and related entertainments still continue to give pleasure. André Heller's poetic variety "Flic Flac" at the beginning of the eighties, or the "Roncalli" or "Fliegenpilz" circuses, which rejuvenated circus tradition by introducing colourful waterworks, fascinated and still fascinate crowds of people. For a short time they transport their audiences to a fantasy

Schwarz-weiß Anzeige Humpty Dumpty Circus
In Deutschland warb Schoenhut regelmäßig in den „Fliegenden Blättern" für seinen Humpty Dumpty Circus, der 1906 schon eine beträchtliche Anzahl an Darstellern aufbieten konnte. Wegen der außergewöhnlichen Qualität haben viele der Figuren die Jahrzehnte unbeschadet überstanden, so daß auch heute noch aus dem Angebot der Auktionshäuser und Spielzeugbörsen ein attraktives Programm zusammengestellt werden kann.

A black & white advertisement for the Humpty Dumpty Circus.
Schoenhut regularly used handbills in Germany to advertise his Humpty Dumpty Circus which already had an impressive number of artists in 1906. Their quality was exceptional and a lot of them have stood the test of time very well. Today it is still possible to collect an attractive selection of them at auctions or toy exchanges.

blutrünstigen Gladiatorenkämpfen. Einen Erfinder des Zirkus gibt es wohl nicht, wahrscheinlich entstand die neue Form der Unterhaltung unabhängig voneinander auf unterschiedliche Art, die dann schließlich in der für den Zirkus typischen Form mit dem mobilen Chapiteau mündete.

Für den europäischen Kulturkreis gilt die Reitschule des Engländers Philip Astley in der Nähe von London, in der er gegen Ende des 18. Jahrhunderts auch Artisten, Seiltänzer und Clowns auftreten ließ, als erster stationärer Veranstaltungsort mit zircensischen Darbietungen. Weitere feste Veranstaltungsstätten entstanden in anderen europäischen Metropolen, und der rege Publikumszuspruch führte dazu, daß auch mehr und mehr Wanderunternehmen gegründet wurden. Jahrhunderte zuvor jedoch zogen schon Gaukler, Bärenbändiger, Possenreißer, Taschenspieler, Zauberer, Feuerschlucker und

dream world. The re-introduction of poetic charm to the circus fired audiences' imagination once again.

The origins of the circus can't be traced properly. Only the word itself is associated with the circular and oval shaped Roman arenas, though circus performances have nothing in common with the chariot races, contests between bloodthirsty wild animals or the bloody combat of two gladiators in the Roman ring.

There was probably no single 'inventor' of the circus, it is more likely that various kinds of new entertainments developed independently in different ways and then ended up collectively in the form of a circus and its mobile tent.

In European cultural circles it is an accepted fact that Philip Astley, who had a "riding school" near London, was the first to have a stationary site for circus

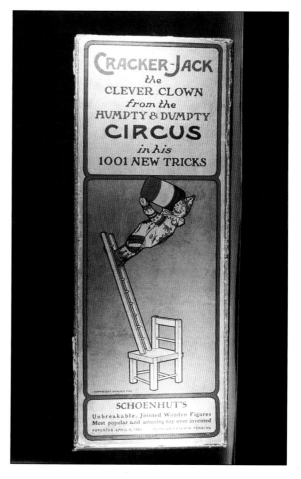

andere Artisten einzeln oder in kleinen Gruppen durch die Lande, um Menschen auf Jahrmärkten und Volksfesten mit ihren Künsten zu unterhalten. Da Reisen in ferne Länder zu dieser Zeit nicht nur beschwerlich und gefährlich, sondern für die meisten Menschen unmöglich waren, erschienen natürlich auch Schausteller mit allerlei exotischen Tieren, aus denen später Dressurakte bis zum Nervenkitzel im Raubtierkäfig entstanden, wie sie vor allem von Carl Hagenbeck entwickelt wurden und heute in Perfektion in der Show von Siegfried & Roy in Las Vegas präsentiert werden, als besondere Attraktion.

Kaum eine kulturgeschichtliche und technische Entwicklung war nicht auch irgendwann Gegenstand kindlicher Beschäftigung; als Spiel, Phantasie oder gegenständliches Spielzeug. Kinderstuben, Geschäfte und Kaufhäuser der reichen

„Cracker Jack", der Clown aus Schoenhut's Humpty-Dumpty-Circus, bei einem Balanceakt mit Stuhl, Leiter und Faß. Mit etwas Geschick lassen sich auch waghalsigere Darstellungen im Gleichgewicht halten.

"Cracker Jack", the clown from Schoenhut's Humpty-Dumpty-Circus, doing a balancing act with chair, ladder and barrel. Even greater balancing feats can be accomplished with a little skill.

Originalschachtel des Schoenhut-Clowns. Als Zubehör gab es die Vorstellung des Clowns in Versform:
I'm Cracker Jack the Clever Clown
From the Humpty & Dumpty Show
These tricks will startle all the town
But a thousand more I know
To see me through my antics go
Just read my merry rhymes below:
Es folgen zwölf Abbildungen von verschiedenen Kunststückchen, die jeweils durch lustige Verse erläutert werden.

The Schoenhut clown's original box.
In addition there were also verses to introduce the clown's performance:
I'm Cracker Jack the Clever Clown
From the Humpty & Dumpty Show
These tricks will startle all the town
But a thousand more I know
To see me through my antics go
Just read my merry rhymes below:
This was followed by twelve illustrations of various tricks that were described in amusing verses.

comparable presentations. At the end of the eighteenth century, he presented artists, tightrope walkers, and clowns there. Additional permanent places of entertainment established themselves in other metropolitan European cities and consequently public interest was so great that more and more travelling units were formed. Of course there were jugglers, bear tamers, buffoons, conjurers, magicians, fire eaters and other artists in previous centuries who wandered the countryside entertaining their audiences at annual fairs and public festivals. In those days, journeys to foreign countries were difficult and dangerous, and such an undertaking was almost an impossible venture for most common people. Hence the appearance of performing artists with exotic animals (and these gradually developed into the acts with performing animals and nerve-racking presentations of wild animals behind bars, like we see today in Carl Hagenbeck's circus or the perfect Siegfried and Roy productions in Las Vegas).

There's hardly a single item relating to the history of civilization, or its technical development, which hasn't been adapted and used in the making of children's games and imaginary or realistic toys. The nurseries, shops and stores in affluent countries are full of such toys, among them are stuffed animals, jumping jacks, roly-polys, picture books, boxes of tricks, and fancy dress costumes - even today, these mirror the colourful world of the circus.

But the fairground booths and boxes, the hawkers' trays and the small mechanical tin performers with hidden clockworks in their bodies, they are gone from the nurseries forever! They provided hours of imaginative games and repetitive circus performances, carrying out the same action time and time again.

For almost a hundred years children mostly played with a miniature tin toy

11

Nationen sind übervoll damit, und als Stofftier, Hampelmann, Stehaufmännchen, Bilderbuch, Zauberkasten oder Faschingskostüm findet sich dort vieles auch heute noch aus der bunten Zirkuswelt wieder.

Für immer verschwunden sind allerdings aus den Kinderzimmern, den Schaufenstern und Regalen der Spielwarengeschäfte, Jahrmarktbuden und Kartons und Bauchläden der Straßenverkäufer die kleinen mechanischen Akteure aus Blech mit einem Federwerk im Bauch, mit denen sich in phantasievollen Spielstunden daheim im Kinderzimmer die Darbietungen aus der Manege beliebig oft wiederholen ließen.

Spielzeug war nahezu einhundert Jahre für viele Kinder weitgehend eine kleine Welt aus Blech, nicht nur mit den jeweils neuesten technischen Errungenschaften in miniaturisierter Form, sondern auch mit den eher zeitlosen Zirkusattraktionen: Kunstreitern und Tierdressuren, Äquilibristen und Parterreakrobaten, Jongleuren, Zauberern, Musikanten, Dompteuren und natürlich in ganz besonderem Maße den Clowns. Motive aus der bunten Zirkuswelt zählten sogar bis in die

world - not only those that were the most recent technical development but also the timeless circus attractions like equestrian riders, acts with performing animals, rope and floor acrobats, jugglers, magicians, musicians, animal trainers and especially the clowns. Themes based on the colourful world of the circus were used by numerous tin toy producers until right into the nineteen twenties.

Any item that wasn't either loved to death or the victim of junk removal and clearing activities often lay for decades among the jumble in attics or cellars. Sometimes it was carefully stored away because it was a childhood memory, or as in the case of an expensive train set it was solicitously packed up and kept for the next generation.

ALBERT SCHOENHUT'S HUMPTY DUMPTY CIRCUS

The toys associated with the circus didn't usually fall into this category because there had been no expensive complete circus with matching tin performers on offer. There were merely individual

*Mit dem Clown „Happy" pro-
duzierte Distler (Nürnberg) in
den fünfziger Jahren eines
seiner ausdrucksvollsten figürlichen Spielzeuge und den vielleicht wirkungsvollsten Spaßmacher dieser Zeit. Wenn er
den Kopf in die Höhe reckt und
dann die vorher geschlossenen
Augen öffnet, provoziert er
zwar kein schallendes Geläch-
ter, aber bei jedem aufmerk-
samen Beobachter ein heiteres
Lächeln.*

*Distler (Nuremberg) made the
clown "Happy" in the fifties.
He's one of Distler's most
expressive figural toys and
perhaps also this era's most
impressive joker. Maybe he
doesn't stimulate waves of
resounding laughter when he
cranes his necks and opens his
eyes (which were closed till
then) but every discerning
observer does feel cheered up.*

*Der flinke Radschläger „Fix Fax" erschien 1926 als
Neuheit der Gebrüder Einfalt, Nürnberg. Das
Umfallen der Figur verhindert eine Stange, die ständig Bodenkontakt hat und rechtwinklig gebogen ist.
Bei einer anderen Ausführung wird der Artist von
zwei V-förmig gespreizten Metallstäben im Gleichgewicht gehalten.*

*"Fix-Fax", the nimble cart-wheel artist, was a new
sales item made by the Gebrüder Einfalt company,
Nuremberg in 1926. A right angled rod, which has
constant ground contact, prevents the figure from
toppling over.
In another version the artist is balanced out by two
extended V formed metal rods.*

zwanziger Jahre hinein zu den besonders
zahlreich und in vielfältiger Form produzierten Blechspielzeugen.

Was davon nicht kaputtgespielt wurde
oder nach Entrümpelungs- und Auf-
räumaktionen irgendwann im Müll lan-
dete, lagerte oft Jahrzehnte zwischen
Gerümpel auf Dachböden oder in Kel-
lern, wurde vielleicht auch als Kindheits-
erinnerung sorgsam aufbewahrt, oder,
wie etwa teure Eisenbahnanlagen, sorg-
fältig verpackt, gepflegt und für die
nächste Generation aufgehoben.

13

ALBERT SCHOENHUT'S
HUMPTY DUMPTY CIRCUS

Zirkusspielzeug zählte allerdings meist nicht zu diesen Kostbarkeiten; denn es gab nie einen kompletten Zirkus mit zueinander passenden Akteuren aus Blech, der eine große und wertvolle Investition erfordert hätte, nur Einzelfiguren verschiedener Hersteller, die ganz nach Belieben auch zu einer bunten Artisten- und Tiergruppe zusammengestellt werden konnten.

Einen kompletten Spielzirkus gab es zwar auch, aber dessen Akteure waren aus Holz. Sie traten im „Humpty Dumpty Circus" auf, den der nach Philadelphia ausgewanderte Albert Schoenhut neben anderen Spielzeugen ab 1903 anbot. Die hölzernen Figuren waren schön bemalt, z. T. sogar bekleidet und mit beweglichen Gliedern ausgestattet. Mit immer neuen Figuren und Zubehörteilen konnte schließlich eine beeindruckende Szenerie zusammengestellt werden, bestehend aus Artisten, Käfigen, Zirkusreitern, Löwenbändigern, Clowns, einer Menagerie und zahlreichen Requisiten. Mit einem großen Zirkuszelt aus Stoff ließ sich dieser Kindertraum vervollkommnen. Dieses Spielzeug, zu dem auch bebilderte Hefte mit hübschen Zirkusszenen und Spielanleitungen in Versform geliefert wurden, war ein außerordentlicher Erfolg und wurde deshalb häufig nachgeahmt. Aktion, Bewegung, Spannung und Überraschung – wichtige Elemente der Manegenkunst - konnten die schönen Gliederfiguren, ähnlich wie andere Zirkusspiele aus Zinn-, Blei- oder Gußkompositionen, allerdings nicht leisten, wohl aber reichlich Gelegenheiten, immer wieder neue statische Szenerien aufzubauen. „10001 verschiedene Evolutionen" versprach Schoenhut in seiner Werbung schon 1906, als sein Zirkus immer noch um neue Darsteller und Requisiten erweitert wurde.

figures from different manufacturers which could be positioned together at pleasure to form a colourful group of artists and animals.

There actually was a complete toy circus, but its artists were made of wood. They performed in the "Humpty Dumpty Circus". It was made by Albert Schoenhut, who emigrated to Philadelphia in the U.S.A. He put it on sale with other toys in 1903. The wooden figures were well painted and some of them were even dressed and had mobile limbs. It was possible to assemble an impressive collection of artists, cages, circus riders, lion tamers, clowns, a circus ring and numerous other accessories from the constantly widening range of new figures and props. A large fabric circus tent was the ultimate dream to complete the picture. This toy, which also contained picture booklets with attractive circus scenes and a playing

BLECHSPIELZEUG MIT „SEELE"

Die kleinen mechanischen Blechfiguren mit einem Federwerk hatten da schon etwas mehr zu bieten, sie konnten laufen, hüpfen, musizieren oder, wie die zahlreichen Zirkusfiguren, kleine Kunst-

„Jimmy" von Karl Arnold aus Nürnberg kann je nach Geschick der Kinder verschiedene Turnübungen am Reck vorführen. Der Druck auf einen Knopf wird über eine Feder und eine Zahnstange auf die Reckstange übertragen. Das Repertoire des Turners reicht von einfachen Schwüngen an der Stange bis zum mehrfachen Überschlag. Die große Ausführung ist 41 cm hoch; eine kleinere Version mit gleicher Funktion bringt es auf 35 cm Höhe. Fünfziger Jahre.

Depending on the skill of the individual child, "Jimmy" by Karl Arnold from Nuremberg, can show off various gymnastic exercises on the horizontal bars. The push button pressure on the gear rack and spring is transmitted to the horizontal bars. The gymnast's repertoire varies from simple swings on the bars to several somersaults around it. The largest variation of this figure is 41 cm high, a smaller version with the same function is 35 cm high. From the fifties.

guide in the form of rhymes, was unusually successful and was therefore often copied.

These attractive limbed figures, like other circus toys of tin, lead or casting compositions, couldn't perform. They didn't have any actions, excitement or circus skills but they did give children a chance to create ever changing stationary circus scenes. Schoenhut already spoke of "10001 different evolutions" in his adverts in 1906 - at a time when his circus assortment was still growing to include new performers and other props.

TIN TOYS WITH "SOULS"

Small mechanical tin figures with spring mechanisms offered something more, they could move, hop, play music, or they were able to perform little tricks like those of the circus artists. It was soon realized that there was little educational value in these tin toys with their repetitive functions. But the fascinating effect that moving tin people and animals have on children can still be seen today, although of course kids nowadays are more used to handling toys with superior playing value.

In 1904 the Berlin editor, Paul Hildebrandt, wrote the following remarks about the little mobile tin figures in "Das Spielzeug im Leben des Kindes", "It goes without saying that these mechanical, figural works of art and their repetitive, unchanging movements have no direct educational value, but the fact that children enjoy them so much, particularly because they give the illusion of a kind of performance, is evident to anyone who visits a public fair or a city side road where these mechanical people and animals are being peddled by a street seller. The children watch the same dignified, stiff apparition of a little mechanical man or the wriggling of a clockwork beetle for

stückchen vorführen. Der allerdings nur geringe pädagogische Wert dieses Blechspielzeugs mit sich ständig wiederholenden Funktionen wurde schon früh erkannt; die faszinierende Wirkung besonders von beweglichen Spielzeugmenschen und -tieren ist jedoch auch heute noch bei Kindern zu beobachten, die eher mehr an den Umgang mit Spielsachen von ausgesucht hohem Spielwert gewöhnt sind.

Der Berliner Redakteur Paul Hildebrandt schrieb 1904 in „Das Spielzeug im Leben des Kindes" über die kleinen beweglichen Blechfiguren: „Daß diese figürlichen mechanischen Kunstwerke mit ihren sich immer wiederholenden gleichbleibenden Bewegungen keinen direkten erzieherischen Wert haben, erscheint wohl selbstverständlich, aber daß sie die Kinder sehr belustigen, zumal sie wie eine Art Schaustellung wirken, davon kann sich jeder überzeugen, der einmal auf dem Landjahrmarkt oder auch in der Großstadt auf dem Fahrdamm einer Seitenstraße der Feilbietung solcher mechanischer Menschen und Tiere seitens eines Straßenverkäufers beiwohnt; die Kinder sehen halbe Stunden lang immer ein und demselben gravitätisch steifen Einherschreiten eines kleinen mechanischen Menschen oder dem Zappeln eines Uhrwerkkäfers zu. Das scheinbare Lebendigwerden dieser Miniaturwesen und die unfreiwillige Komik ihrer abgezirkelten, schematischen Bewegungen scheint eine außerordentliche Anziehungskraft auf die Kinder auszuüben." Diese Beobachtung können auch Sammler heute noch machen, wenn sie bereit sind, etwas Sachschaden in Kauf zu nehmen und ihre Vitrinen für Kinder zu öffnen. Anders als bei den mit pädagogischem Hintersinn konstruierten Spielzeugen, wie z.B. Baukästen, Puzzlespielen oder Dampfmaschinen, beschränkt sich auf den ersten Blick bei figürlichem Spielzeug die Aktivität des Kindes auf bloßes

a half an hour at a time. The children are strongly attracted to the illusion of the apparent lifelike movements of these miniature creatures and the involuntary comic of their mathematically exact, schematic movements."

Collectors can still observe this fascination today if they're prepared to open up their show-cases to children and take a chance of something being damaged. In contrast to those toys which have been made to give hidden educational value like, for instance, building sets, puzzles or steam engines, it appears at first glance that these figural toys restricted the activity of a child to mere observation and the pleasure it got from watching the repetitive movements. Scarcely any educational value was expected, and the demands on motorial action didn't extend further than knowing how to use the winding key. Taking into consideration the sharp cutting edge of the tin, the era when it was produced, and the use of poisonous paints, on the whole tin toys can be considered damaging and dangerous.

The pecking chickens from China and other contemporary mechanical tin products now have the warnings "Not suitable for children" or "Not a plaything - for collectors only". However, precisely in the way that circus performers transport audiences to a world of fantasy for a short period, in the same way the moving tin figures were also able to activate and encourage children's fantasy.

In the "Little World of Toys", Charles Baudelaire wrote, "All children talk to their toys. They transform life-size dimensions to smaller ones by using the hidden camera in their minds. Children show exactly how imaginative they are and what abstract ideas they have in the games they play."

Talking dolls, cars racing around bends, figures that play music or can dance, are magic things for children in the same way

Die „Solistos" von Schuco zählen wegen der hübschen Kleidung und der originellen Bewegungen zu den beliebtesten Spielzeugfiguren. Seit Aufnahme der Produktion Ende der zwanziger Jahre gab es bis in die fünfziger Jahre hinein immer wieder Neuheiten: als Artisten, Kofferträger und Musikanten. Der Violinspieler aus den dreißiger Jahren begleitet die Klettervorführung des Pennytoy-Affen von Distler, der Paukenschläger aus den fünfziger Jahren unterscheidet sich durch seine großen Plastikschuhe von seinen Vorgängern aus der Zeit vor dem 2. Weltkrieg. Recht selten ist der wohl nur kurze Zeit produzierte Trommler mit dem Spitzhut zu finden, denn wie seine Clownkollegen wurde er sonst nur mit einem schlichten Käppi angeboten. Schuco-Tanzfiguren, die es u. a. auch als Trachtenpaare, Matrosen, Tiere, Biertrinker usw. gab, sind heute ein eigenes und sehr beliebtes Sammelgebiet.

The "Solistos" by Schuco are some of the most popular toy figures because of their attractive costumes and unusual movements. From the start of the production, at the end of the twenties, there was a continual string of novelties (porters, artists and musicians) until well into the fifties. The violinist is accompanying the climbing activities of the pennytoy monkey by Distler. The drummer, dating from the fifties, is like his pre-Second World War forerunner but his plastic shoes are a different size. The drummer with the steeple hat was only produced for a short time and is rather a rare find. Like his other clown colleagues he was normally only on offer with a plain cap. The Schuco dancing figures, were produced as sailors, animals, beer drinkers, a couple dressed in traditional costume and so on. Nowadays they are a quite separate, and extremely popular collecting area.

Beobachten und Freude am sich immer neu wiederholenden Bewegungsablauf. Lerneffekte waren kaum zu erwarten und die Förderung motorischer Fähigkeiten ging über die richtige Handhabung des Aufziehschlüssels nicht hinaus.

In Anbetracht scharfkantiger Bleche und in der Frühzeit der Blechspielzeugproduktion auch noch durch die Verwendung giftiger Farben ist Blechspielzeug insgesamt sogar als schädlich und gefährlich einzustufen. Die pickenden Hühner aus China und andere aktuelle mechanische Blechprodukte tragen deshalb inzwischen warnende Hinweise: „Für Kinder nicht geeignet" oder „Kein Kinderspielzeug - nur für Sammler".

Aber so wie die Akteure im Zirkus für begrenzte Zeit ins Reich der Phantasie führen können, waren sicher auch die beweglichen Blechgestalten in der Lage, kindliche Phantasie zu wecken und zu fördern. In „Kleine Welt der Spielsachen" schrieb Charles Baudelaire dazu: „Alle Kinder pflegen mit ihren Spielsachen zu sprechen; sie werden für sie zu Figuren aus dem großen, in der camera obscura des Kinderhirns auf kleinere Dimensionen reduzierten Spiel des Lebens. Durch ihre Spiele geben die Kinder Zeugnis von ihrer Abstraktionsfähigkeit und Vorstellungskraft." Sprechende Puppen, kurvenfahrende Automobile, tanzende und musizierende Figuren erscheinen Kindern so geheimnisvoll wie dem Publikum die undurchschaubaren Darbietungen der Magier im Zirkus. Die Kaninchen aus dem Hut und zersägte oder von Säbeln durchbohrte Jungfrauen sind für die Beobachter am Manegenrand so mysteriös wie für das Kind die sich selbständig bewegende Spielzeugfigur, deren verborgene und undurchschaubare Mechanik solange geheimnisvoll bleibt, bis die Neugier über die Gefahr eines möglichen Verlustes des geliebten Spielzeugs siegt.

Mit den Fahrkünsten von „Bimbo" ist es nicht weit her. Der kleine Rennwagen mit dem hilflosen Insassen fährt im Kreis, dreht sich blitzschnell um die eigene Achse und droht manchmal sogar umzukippen. Das komische Gefährt des Nürnberger Spielzeugfabrikanten Hans Biller wurde baugleich auch in Frankreich von der Firma Joustra produziert. Fünfziger Jahre.

"Bimbo" is not a very good driver. The little racing car with its helpless passenger is driving round in circles, it turns around sharply on its own axis and sometime even threatens to turn over. The amusing vehicle made by Hans Biller, the toy manufacturer from Nuremberg, was also made in the same form in France, by the Joustra company. From the fifties.

that a magician baffles a circus audience. Circus visitors think that a rabbit pulled out of a hat, a lady sawn in half or a body stabbed through many times with swords is something inexplicable, in the same way a child sees a moving toy figure as something mysterious. The hidden, obscure mechanical parts remain a mystery until such time as the child's curiosity grows stronger than the knowledge that the precious toy might be destroyed if it is examined too closely.

Quoting Charles Baudelaire again: "Most children want to 'see the insides'. One child wants this after a short time, and another straight away. The toy's life expectancy depends how quickly this craving develops. I'm not courageous enough

Dazu noch einmal Charles Baudelaire: „Die meisten Kinder wollen vor allem 'die Seele sehen'; die einen erst nach einiger Zeit, die andern sogleich. Vom mehr oder weniger raschen Auftreten dieses Verlangens hängt die mehr oder weniger große Lebensdauer des Spielzeuges ab. Ich habe nicht den Mut, diese kindliche Sucht zu tadeln: In ihr manifestiert sich ein erstes metaphysisches Streben. Sobald dieses Verlangen sich im Kopf des Kindes festgesetzt hat, erfüllt es seine Finger und Nägel mit einer eigenartigen Behendigkeit und Kraft. Das Kind dreht das Spielzeug hin und her, kratzt es, schüttelt es, schlägt es gegen Wände, schleudert es zu Boden. Von Zeit zu Zeit wird die Mechanik wieder in Bewegung gesetzt, manchmal im verkehrten Sinn. Das zauberhafte Leben steht still. Das Kind unternimmt eine letzte Anstrengung, und endlich erweist es sich als die stärkere Partie und vermag das Ding aufzusprengen. Aber 'wo ist die Seele?'. An diesem Punkt haben Resignation und Trauer ihren Ursprung."

Die geschilderte kindliche Neugier ist der Alptraum vieler Sammler, die sich über einen Kratzer am Spielzeug ebenso erregen können wie über den Lackschaden an ihrer großen Blechkarosse und die ihre Schätze in für Kinder gesperrten Räumen oder verschlossenen Vitrinen aufbewahren und eigentlich wünschen, daß ihr begehrtes Blech ohne den zerstörerischen Umweg durch Kinderhände zu ihnen gelangt wäre.

SYMBOLFIGUR DES ZIRKUS

Wenn der Applaus abebbt, fleißige Hände den Raubtierkäfig demontieren und andere schon die Requisiten für die nächste Attraktion aufbauen, sich das Nervenkostüm des Publikums wieder auf ein normales Maß reduziert und eine bunte Gestalt mit unüberhörbarem Getöse, viel

to censure this childish addiction. It's a manifestation of the first metaphysical aspirations. As soon as a child is determined enough, its fingers and nails have unusual agility and strength. It turns the toy back and fore, scratches it, shakes it, hammers it against the wall, and throws it on the floor. Sometimes this sets the clockwork off, occasionally it functions in the wrong way. It's then still. In a last attempt, showing how clever it is, the child breaks the toy open. But 'where is its soul?'. Resignation and sadness sets in at this point."

The kind of childish curiosity, as described above, is the nightmare of many collectors who can be thrown off balance by a single scratch on a toy, or some damage to the body work of their tin cars, and who keep their treasures locked up in rooms or showcases away from children's hands. Strictly speaking they wish that they could get their treasured tin toys direct, and not after they have made a detour through children's hands.

SYMBOLIC FIGURE OF THE CIRCUS

The applause is fading, the nerves of the audience are soothed again, and busy hands are dismantling the cages of the wild animals. Others are already erecting the requisites for the next attraction. Now a colourful figure makes his entrance - he has oversized shoes, a red nose, and trousers that are in constant danger of falling down. He stumbles into the circus ring - you can't ignore the noise. Everyone knows who it is - the clown. Until the present day he is the symbol of the circus.

Everyone recognizes him, wearing a costume like this, or a similar one. He can fill the short intermission between two acts or be the main attraction. It's an entire waste of time to ask a psychologist why a clown is one of the most popular

zu großen Schuhen, roter Knollennase und stets der Gefahr ausgesetzt, die Hose zu verlieren, in die Manege stolpert, wissen alle, wer jetzt seinen großen Auftritt hat: der Clown, bis heute die Symbolfigur des Zirkus.

So oder ähnlich ist er allen bekannt, als kurzweiliger Zwischenakt oder Hauptattraktion. Sicher muß man keinen Psychologen bemühen, um zu verstehen, weshalb gerade er, ob in der Manege oder auf der Bühne, im Kinderzimmer oder auf dem Bildschirm, zu den beliebtesten Gestalten zählt. Wer hat nicht selbst schon versucht oder gewünscht, seine Alltagsrolle mit der des Clowns gelegentlich zu tauschen? Das Wesen des Clowns zu ergründen ist sicher nicht einfach. Vielleicht gefällt die anarchische Gestalt besonders Kindern so sehr, weil sie scheinbar nach dem Lustprinzip leben darf, beim Kampf mit der Tücke des Objekts nie aufgibt, nach unvermeidlichen Niederlagen gegenüber allen anderen Zirkusautoritäten - der Clown ist schließlich meistens der letzte in der Hierarchie - noch herzhaft lachen kann, immer haarscharf genau das Falsche tut oder so herzlich bösartig karikiert, daß schließlich auch das Opfer nur noch lachen kann.

Die großen Zirkuskünstler und Clowns, wie Rastelli, Tom Belling, die Fratellinis, Grock, Emmet Kelly, Antonet, Medrano oder Charlie Rivel - der mit 85 Jahren noch beim Zirkus Krone in der Manege stand - sind bis heute unvergessen. Einige von ihnen könnten Vorbild der Uhrwerkartisten und -clowns gewesen sein, manche alten Zirkusplakate, von denen Clowns freundlich lächelnd zur Vorstellung einladen oder bekannte Artisten mit ihren waghalsigen Darstellungen zum Besuch animieren, ähneln durchaus den bunten Blechgestalten oder ihren Abbildungen in den Spielwarenkatalogen. Für den kleinen Herrn Zirkusdirektor im Kinderzimmer wurde nämlich nahezu

acts, no matter where he performs, in the circus ring, on the stage, in the nursery or on television. Who doesn't wish he could be, or at least try to be, a clown from time to time? It's not easy to analyze a clown's distinguishing qualities. Perhaps children love the anarchistic figure so much because he seems to live according to the principle of 'do what you want to do'. He's someone who never gives up when fighting difficulties, who can still laugh heartily in the face of unavoidable defeat from all the other circus authorities (the clown is, after all, usually the last in the order of hierarchy). He's someone who seems always to do exactly the wrong thing, or is depicted as a marvellously naughty being who is so impish that even his victim has to join in the laughter in the end!

The great circus artists and clowns like Rastelli, Tom Belling, the Fratellinis, Grock, Emmet Kelly, Antonet, Medrano or Charlie Rivel (who still performed for the Zirkus Krone at the age of 85) are all well-remembered figures. Some of the clockwork clowns and artist may have been modelled on them. Some of the old bill-posters show happy, laughing clowns, or famous artists and their dangerous acts, who invite you to come to the circus. They look similar to the tin clowns or illustrations in toy catalogues. Nearly everything used in, or out of, the circus ring at that time was made for the little ringmaster in the nursery. The manufacturers were never at a loss for new ideas.

At the peak of tin toy production, in the years between 1880 and 1930, the circus was also in a boom period. It was a very welcome diversion in towns and villages everywhere. The director of each small travelling circus, or world famous circus, tried to draw the public with exclusive attractions, famous personalities or new, sensational acts. Even William F. Cody, better known as "Buffalo Bill", and his

Der jonglierende Clown wurde von Schuco in den fünfziger Jahren zunächst mit Filzpantoffeln, später mit Plastikschuhen hergestellt. Katalogbeschreibung: "Schon die originelle Kleidung wirkt erheiternd. Effektvoll jongliert der Clown die Bälle mit emsigen Armbewegungen, wobei er sich tänzelnd im Kreise bewegt." Mit gleicher Funktion gab es später auch noch einen Cowboy, sowie einen Mann mit einem Kopf in Form einer Weltkugel, der mit Satelliten und Raketen jonglierte.

At frist, this juggling clown was made by Schuco with felt slippers in the fifties, later on he had plastic shoes. The catalogue description states: "The novel appearance of the clothes cheers you up straight away. The clown juggles effectively with balls, making busy arm movements and mincing around in circles". There was a cowboy with the same functions later on, as well as a man with a head in the form of a globe who juggled with satellites and rockets.

alles hergestellt, was jemals in die Manege kam oder außerhalb der Scheinwerfer zum richtigen Zirkus gehörte. An Motiven mangelte es den Spielzeugfabrikanten nicht.

Zur großen Zeit des Blechspielzeugs in den Jahren zwischen 1880 und 1930 erlebte auch der Zirkus als willkommene Abwechslung in Städten und Dörfern seine Höhepunkte. Ob im kleinen Wanderzirkus oder im weltberühmten Unternehmen, jeder Direktor versuchte durch exklusive Attraktionen, bekannte Persönlichkeiten oder neue Sensationsnummern die Gunst des Publikums für sein Unternehmen zu gewinnen. Selbst William F. Cody, besser bekannt als „Buffalo Bill", arbeitete mit seiner Wild-West-Show gegen Ende des 19. und Anfang des 20. Jahrhunderts gelegentlich in Kooperation mit Zirkusunternehmen. Er war wohl lange vor Charlie Chaplin und anderen Hollywoodgrößen auch der erste Showstar, den man als Blechspielzeug erwerben konnte. Die Wirklichkeit lieferte also genügend Anregungen für die damaligen Kinder- und heutigen Sammlerträume.

IHR AUFTRITT: LA ROCHE, HOUDINI UND BLONDIN

Wie sehr der reale Zirkus Vorbild für die Spielzeugproduzenten war, zeigen einige von vielen Beispielen: Die Eisenbahnhersteller lieferten Waggons und boten auch Wagen und Käfige an, die im Huckepackverkehr Akteure und Requisiten auf Schienen zu den Auftrittsorten brachten. Auch gab es von Dampf- oder Uhrwerktraktoren gezogene Wagen, ferner Busse und Lastkraftwagen. Häufig waren diese Fahrzeuge mit zirzensischen Motiven bedruckt oder trugen die Schriftzüge berühmter Zirkusunternehmen. Gefährte von Bing und Märklin z. B. wurden mit so klangvollen Namen wie „Hagenbeck"

Wild-West Show occasionally performed in close partnership with circuses at the end of the nineteenth and the beginning of the twentieth century. He was no doubt the first show star who could be bought as a tin toy, long before the appearance of Charlie Chaplin and the other Hollywood greats. So children had plenty of real life stimulation in those days, - and present day collectors have some of the dreams that were left over.

THEIR PERFORMANCE: LA ROCHE, HOUDINI AND BLONDIN

Here are a couple of examples, just some of the many, which show precisely how the circus was realistically copied by toy manufacturers: Toy train manufacturers made railway trucks and vans, and cages that transported performers and props in piggy-back style to the next destination. There were also circus vans drawn by steam or clockwork tractors, as well as buses and lorries. These vehicles were often covered with circus motives or the name of a famous circus. Vehicles by Bing and Märklin, for example, were decorated with well-known names like "Hagenbeck" and "Sarrasani".

About 1900 an artist with the name of La Roche, a so-called rubber man, put on a sensational show for the Barnum and Bailey Circus and for Zirkus Blumenfeld from Magdeburg. Lying rolled up in the form of a ball he propelled himself in a mysterious way up a spiral track which wound around the mast to the top of the tent. Once there he decended at a breathtaking speed back to the circus ring again where he stood up waving happily and unhurt from his spherical adventure. The French toymaker Fernand Martin offered this number in 1906 under the name "Sphère mystérieuse".

There was even a tin escape artist styled on the legendary Harry Houdini. He

und „Sarrasani" geschmückt. Für Barnum & Bailey sowie für den Magdeburger Zirkus Blumenfeld bot um 1900 ein Artist namens La Roche als sogenannter Kautschuk-Äquilibrist einen sensationellen Auftritt an. Zusammengekrümmt in einer Kugel liegend, rollte er auf einer sich spiralförmig um einen Mast windenden Schiene zunächst auf geheimnisvolle Art und Weise in die Höhe und dann von der Zirkuskuppel in atemberaubender Geschwindigkeit zurück in die Manege, um dort unverletzt und fröhlich winkend wieder seiner Kugel zu entsteigen. Unter dem Namen „Sphère mystérieuse" wurde diese Nummer 1906 vom französischen Spielzeughersteller Fernand Martin angeboten.

Sogar ein blecherner Entfesselungskünstler im Stile des legendären Harry Houdini

wasn't able to get rid of his chains, but he could at least rattle them vigorously! The "Arena Blondin", the family of high wire, horizontal bar and trapeze artists, must have provided the idea for the toy balancing act "Miß Blondin" by Ernst Paul Lehmann, Brandenburg in about 1890.

The clown Douroff used to ride on a wild boar in 1891 - long before the appearance of the numerous little tin pig jockeys in clown's costumes which appeared later on.

Sarrasani-Plakat "Clownparade, um 1915" aus: Markschiess-van Trix/Nowak: Artisten- und Zirkus-Plakate, Edition Leipzig 1975.

Sarrasani poster: "A Parade of Clowns", roughly 1915. Reproduced from "Markschiess-van Trix/Nowak: Posters of Circuses and Artists". Edition Leipzig 1975.

war zu haben. Er konnte sich zwar nicht von seinen Ketten befreien, aber immerhin kräftig damit rasseln.

Die „Arena Blondin", das Familienunternehmen der Hochseil-, Reck- und Trapezartisten, dürfte Vorbild des um 1890 entstandenen Balancier-Spielzeugs „Miß Blondin" von Ernst Paul Lehmann aus Brandenburg gewesen sein.

Vor den vielen kleinen Schweinereitern aus Blech im Kostüm des Clowns benutzte der Dressur-Clown Douroff 1891 ein Wildschwein als Reittier.

Es gab also kaum eine neue Darbietung unter dem Chapiteau, die man nicht wenig später in miniaturisierter Form im Kinderzimmer hätte bewundern können. Auch Spielzeuge, die man für reine Phantasieprodukte halten könnte, hatten oft einen realen Hintergrund. Der Boxkampf eines Kängurus mit einem Faustkämpfer, von den Gebrüdern Einfalt in den zwanziger Jahren auf den Markt gebracht, fand ebenfalls zuvor in der Manege statt. Die schwebende oder zersägte Jungfrau fehlte allerdings ebenso wie die Tricks der großen Illusionisten, hier waren die ansonsten mit außerordentlicher Phantasie und Kunstfertigkeit ausgestatteten Blechspielzeugproduzenten wohl mit ihren Fähigkeiten am Ende. Aber wo die Mechanik überfordert war, konnte ja schließlich das Kind dem Zauberer assistieren und vielleicht einen Elefanten einfach verschwinden lassen.

Viele Clowns traten nicht unter ihrem bürgerlichen Namen vor ihrem Publikum auf, und die Zirkusplakate waren mit ihren einprägsamen Künstlernamen bedruckt. Auch unter den Spielzeugclowns gibt es bekannte Namen, die fast allen Sammlern ein Begriff sind.

„Lucky", der Artist auf dem Hochseil und späte Nachfahre von Francois Blondin, der mehrfach - einmal sogar mit verbundenen Augen - den Niagara-Fall auf einem Seil überquerte, läuft unentwegt zwischen zwei Türmen hin und her.

When a new act was presented in the circus, a short time later it was nearly always available in miniature form for the nursery too. Even toys that were presumed to be pure fantasy ideas often had a real life source. The boxing match between a kangaroo and a man, made by the Gebrüder Einfalt in the twenties, had really taken place beforehand in the circus ring. There isn't a "floating body", or a "sawn body" though, and the tricks of the really great illusionists are missing too - the unusual skills of tin toy producers had to admit defeat here. If it wasn't mechanically possible then the child could compensate, - perhaps by assisting the magician and making the elephant disappear! Many of the clowns didn't perform under their real names. Their catchy stage names were printed on all the circus posters though. There are also famous names in the world of toy clowns too, they're names that mean something to all clown collectors. "Lucky" the artist on the high wire, who walks back and fore between two towers, is a descendant of Francois Blondine, who crossed the Niagara Falls several times, once blindfolded.

"Fix-Fax" is a nimble and well made floor acrobat who moves forwards at a breakneck speed alternately using his hands and feet.

"Bimbo" is a motorist, who tries hopelessly to control a little racing car which is much too small for him.

"Jimmy" will do new exercises on the horizontal bars all the time if children's hands are skilled enough. "Happy" seems to be a rather clumsy, but charming entertainer who only stretches his neck and winks his blue eyes. This makes everyone in the audience smile (especially the female ones!).

The clown driver of "Tarara-Bumm" tries to control the vehicle while his passenger gestures wildly with umbrella and cane. "Humbsti Bumbsti" is not only theoreti-

„Fix-Fax", ein flinker und schön bedruckter Parterreakrobat, bewegt sich in rasantem Tempo abwechselnd auf Händen und Füßen vorwärts.

„Bimbo", der Automobilist, versucht verzweifelt, seinen viel zu kleinen Rennwagen zu bändigen.

„Jimmy" läßt sich durch geschickte Kinderhände zu immer neuen Darbietungen am Reck bewegen, und „Happy" ist ein etwas linkisch wirkender, charmanter Entertainer, der zwar nur den Hals in die Höhe recken und mit seinen blauen Augen zwinkern kann, damit aber jedem Zuschauer - ganz besonders jedoch dem weiblichen Publikum - immer ein Lächeln abringt.

Im Clownauto „Tarara-Bumm" versucht der Fahrer das Gefährt zu beherrschen, während seine Passagiere lebhaft mit Regenschirm und Stock gestikulieren.

„Humbsti Bumbsti" schließlich ist nur noch Opfer und nicht mehr Herr seiner Requisite, sein sich ständig überschlagendes Automobil ist die Attraktion, der Clown als hilfloser Insasse des unbeherrschbaren Gefährtes nur noch passiver Statist.

Wer für solche und ähnliche Figuren seine Leidenschaft entdeckt und mit dem Sammeln beginnt, kann eine stattliche Anzahl mechanischer Clowns zusammentragen, jedenfalls erheblich mehr als in den dreißiger Jahren beim amerikanischen Ringling Brothers and Barnum & Bailey Circus - The Greatest Show on Earth - engagiert waren, und das waren immerhin fünfzig.

Freunde finden die kleinen bunten Blechartisten heute in allen Bevölkerungsschichten, auch - wie sollte es anders sein - ein bekannter Zirkusdirektor ist darunter. Diese Affinität zum Zirkus ist umgekehrt auch bei einigen Spielzeugherstellern über ihre Produkte hinaus zu finden: Schuco benutzte als Firmenzeichen bis ca. 1930 eine clownähnliche Figur in Form eines Stehaufmännchens,

cally in charge of his requisite but he's its victim too. The attraction, his car, continually overturns, and the clown is reduced to a passive partaker, and a helpless passenger. Anyone who gets enthusiastic about these or similar figures and starts to collect, can assemble a decent number of mechanical clowns, at least a lot more than were engaged by the American Ringling Brothers and the Barnum & Bailey Circus (The Greatest Show on Earth) in the thirties. (After all, there were fifty of those!) Enthusiasts of the little, coloured tin artists can be found throughout all sections of society, there is even (not surprisingly perhaps), a well known circus director among them. The-

Die Firma Max Carl aus Coburg führte in den fünfziger und sechziger Jahren noch ein recht großes Angebot an Zirkusspielzeug im Sortiment. Neben Clowns waren besonders die musizierenden Affen ein großer Erfolg. Die uhrwerkbetriebenen Figuren, mit dem Werbeslogan "Lebendige Spielgefährten" angeboten, waren mit einer Höhe von 20 cm und mehr meist größer als viele Konkurrenzprodukte.

The Max Carl company from Coburg had a fairly large selection of circus toys in its range of products in the fifties and sixties. In addition to the clowns, the musical monkeys proved to be a great success. The clockwork figures with the advertising slogan "Living Companions" and a height of 20 cm and more, were mostly larger than many of those of their competitors products.

die Firmen Blomer & Schüler sowie Förtner wählten als Markenzeichen Zirkuselefanten, und über dem Villeneingang von Ernst Paul Lehmann in Brandenburg prangte als Relief eines seiner erfolgreichsten und bekanntesten Spielzeuge: der störrische Esel mit dem Clown in der Kutsche.

re was also some affinity between certain toymakers and the circus. Until roughly 1930 the Schuco company used a clown-like figure, resembling a roly-poly, as their firm's brand mark. A circus elephant was the brand mark of Blomer & Schüler and also the Förtner company. Above the entrance to Ernst Paul Lehmann's villa in Brandenburg there was an embossment showing his best known and most successful toy - the stubborn mule pulling the clown in the carriage.

Als Beispiel für "Ein Spielzeug, wie es nicht sein soll: Amerikanische automatische Musikclowns", wurde die musizierende Gruppe um 1900 in einem kritischen Zeitschriftenbeitrag vorgestellt. Begründung: "Man kann nachdenken wie man will, jedenfalls ist das oft marktschreierisch angepriesene, überluxuriös ausgestattete, darum horrend teuere Spielzeug gegen die kindliche Denkart: es ist zu fertig, es bleibt den Kindern an den äußerlich brillanten, innerlich wertlosen Zierstücken nichts anderes zu tun übrig, als sie kaputt zu machen, waas sie denn auch mit höchstem Eifer tun."

As an example of "What a toy shouldn't be: American automatic music clowns", the group playing music, dating from about 1900, was so described in a critical magazine article. Reason being: "Yon can think whatever you like, nevertheless the vociferously praised, super-luxurious costumes, and therefore horrendously expensive toy is contrary to all a child believes in. It is too finished, it leaves the children no other choice than the desire to break the outwardly brillant, and internally worthless ornaments - smething they do with great enthusiasm."

Der Straßenverkauf war vor allem bis zum 1. Weltkrieg eine bedeutende Vertriebsform für billiges Blechspielzeug. Hier sind vorwiegend Produkte der Firma Bing auf dem Boden ausgebreitet.

Street-selling was an important sales outlet for cheap tin toys, especially up until World War 1. Here are some of such products, spread out on the floor. Most of them were made by Bing.

MECHANISCHE CLOWNS

Als professionelle Erscheinung im Zirkus dürften Clowns etwa 200 Jahre alt sein. Wie alte Darstellungen zeigen, waren sie ihren Vorfahren, den Hofnarren und den Bühnenkomödianten mit der weißen Maske, zunächst noch ähnlicher als den heutigen bunten Spaßmachern oder den aus der Zirkusgeschichte bekannten Persönlichkeiten.

DUMMER AUGUST, WEIßCLOWN UND POET

Schon bald entwickelten sich jedoch einige Grundtypen, die auch heute noch mit ihren Darbietungen begeistern und nahezu unverändert die Zirkusgeschichte mitgestaltet haben:
- der wohl von Tom Belling erfundene „dumme August", ein Possenreißer und Prügelknabe, der als Pausenfüller mit seinen Späßen die Umbauphasen überbrückt oder als von ständigem Mißgeschick verfolgter Prahlhans seinen Kollegen scheinbar nur assistiert.
- der strenge, elegant und aufwendig gekleidete Weißclown, um Seriösität und Ordnung inmitten seiner chaotischen Kollegen bemüht und darauf bedacht, seine Mitspieler mit ihren armselig bunten Lumpenkostümen in immer neue unangenehme Situationen zu bringen.
- der Artist, der im Clownskostüm nicht nur parodiert, sondern durchaus zu eigenen zircensischen Leistungen fähig ist; als Äquilibrist, Musikant, Dompteur, Magier oder Parterreakrobat.
- der Alleinunterhalter, der als Einzelpersönlichkeit vorwiegend durch Mimik und Gestik das Publikum zum Lachen bringt und gelegentlich sogar in die Rolle des

MECHANICAL TOY CLOWNS

Clowns have probably been appearing professionally in circuses for about 200 years. Old illustrations show they were more like their predecessors, the court jesters and white faced stage actors, than they are to today's colourful entertainers or contemporary well-known circus personalities.

DUMMER AUGUST, WEISSCLOWN, AND POET

It didn't take long for basic types of clowns to develop. These acts, almost unchanged in their present day forms, have helped to shape and make circus history.
- Tom Belling probably developed the "dumme August" figure, a clown and scapegoat who fills in the intervals with his fun when the ring is being set for the next act, or who, in his boastful attempts to assist his colleagues, repeatedly suffers misfortune in the process.
- There's the elegant, austere and elaborately dressed "Weißclown" who is trying to restore some order and respectability to the chaotic actions of his colleagues, at the same time thereby manoeuvring these same fellow entertainers, dressed in their shabby coloured rags, into seemingly unending unpleasant situations.
- Then there's the artist, who is not merely a clown parodist but also able to fulfil circensian feats himself - like walking a tightrope, playing music, performing with animals, making magic or performing as a floor acrobat.
- There's the solo entertainer, a personality who mainly uses mimicry and ges-

Poeten oder Philosophen schlüpft. Kein Wunder also, daß sich in einer Zeit ohne Hollywood-, Comic- und Fernsehhelden auch die Spielzeughersteller sehr bald dieser allseits beliebten und populären Figuren bemächtigten: War der Clown doch für Kinder jeden Alters interessant und außerdem auch als international bekannte Erscheinung weltweit leicht zu vermarkten. Ganz gleich in welcher Rolle, ob in der Gruppe oder als Solist, der Clown hatte vor allem eine Aufgabe: das Publikum zum Lachen zu bringen.

Ob im frechen Dialog mit dem Zirkusdi-

Über die Fingertasten am Sockel lassen sich Beine, Arme und Kopf des Musikanten bewegen. Mit etwas Geschick läßt sich der 26 cm hohen Figur dabei ein melodiöses Glockenspiel entlocken. Das Spielzeug von Bonnet & Cie. aus Paris wurde um 1920 gefertigt und ist auch heute noch häufig zu finden.

The movements of the arms, legs and head of the musician are regulated by a keyboard in its base. With a little skill a melodious chime can be coaxed from the 26 cm high figure. This toy was manufactured by Bonnet & Cie in Paris around 1920 and can still be found frequently today.

tures to make the audience laugh, and who sometimes even slips into the role of the poet or philosopher.

It's not surprising therefore that in the days before heroes from the Hollywood screen, or from comics or television, that toymakers copied these popular and delightful figures. The clown was a figure loved by children of all ages, and was easy to sell world-wide too because of it's international marketing value.

Irrespective of the role he played, whether as one of a group or as a soloist, the clown had one main job - to make the audiences laugh, by an impertinent exchange of conversation with the circus director, an amusing situation with his colleagues or merely by telling some jokes. As long as the clown didn't depend on more and more props, he used speech to communicate with his audience.

"Nit mööglich" by Grock and "Akrobat schöön" by Charlie Rivel became classic expressions in the vocabulary of the circus. Even someone who has never had the chance to see one or both of these great circus artists in the ring will have heard their loud 'trademarks'.

No toymaker was able to make a belly-laughing or speaking clown, and the little tin figures were not able to torment an instrument in the typical way a clown does, and yet still end up playing an acoustically enjoyable piece of music. It wasn't possible to make the popular water fights for the nursery either or the fun of the constantly changing (or even exploding) props.

ARTISTS, TRAINERS AND MUSICIANS

The main attraction of tin toys are the actions they can perform. A car should be a self-propelled vehicle, a ship should sail, an oven should contain a fire, and a human being or animal should move in a natural way. The technicalities were sol-

rektor, im amüsanten Rollenspiel mit seinen Kollegen oder als schlichter Witzeerzähler, solange nicht mehr und mehr Requisiten den Clown beanspruchten, wurden seine Darbietungen vor allem durch die Sprache dem Publikum zugetragen.

„Nit mööglich" von Grock und Charlie Rivels „Akrobat schööön" wurden zu Klassikern des Zirkusvokabulars. Auch wer diese beiden Größen der Zirkusgeschichte nie persönlich in der Manege erleben konnte, wird ihr laut vorgetragenes Markenzeichen kennen.

Einen sprechenden oder gar lauthals lachenden Clown zu fabrizieren, gelang natürlich keinem Spielzeughersteller, ebenso wenig waren die kleinen Blechfiguren in der Lage, auf clowntypische Art ein Instrument zu malträtieren und den Zuhörern damit sogar noch einen akustischen Genuß zu vermitteln. Auch die beliebten Wasserschlachten und Komik mit ständig wechselnden oder gar explodierenden Requisiten ließen sich nicht für die Vorführung im Kinderzimmer herstellen.

ARTISTEN, DOMPTEURE, MUSIKANTEN

Beim Blechspielzeug dominiert die Funktion. Ein Automobil soll selbständig fahren, ein Schiff schwimmen, ein Herd für ein kleines Feuer geeignet sein und ein Mensch oder Tier sollte sich möglichst naturgetreu bewegen können.

Dies konnte technisch durch ein Federwerk oder Schwungrad und bewegliche Teile realisiert werden. Selbst bei einfachen Pennytoy-Figuren wurde häufig mittels einer einfachen Schiebemechanik noch ein Minimum an Bewegung erzielt. Für eine vollständige Wiedergabe des Clown-Repertoires reichten diese Mittel natürlich nicht aus, der dumme August war vom Weißclown nur durch seine Kleidung und ein anderes Gesicht zu unter-

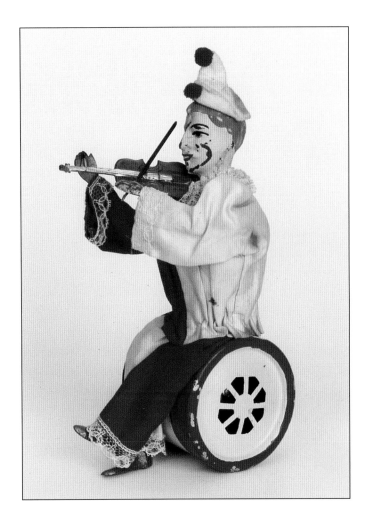

Voller Konzentration scheint der jugendlich wirkende Musikant von Leonhard Staudt sein Instrument zu betätigen. Katalogbeschreibung von 1907: „Violinspieler, sehr chic gekleidet, mit gutem Werk und Musik, bewegt beim Spielen den Arm und Kopf in sehr natürlicher Weise, 24 cm hoch."

The youthful looking musician seems to be deeply concentrating on playing his instrument. Made by Leonard Staudt, a catalogue description from 1907 states: "Violinist, very fashionably dressed, with good works and music, moves his arms and head in a very natural way when playing, 24 cm high."

ved by a spring, or flywheel, and moving parts. Even simple penny-toy figures often had some mobility, by way of simple slide mechanisms.

These functions were naturally not enough to reproduce the whole repertoire of the clown, and the "dumme August" or "Weißclown" only differed in their facial expressions and the clothes they wore. However, there were still plenty of action

29

Das dezent geschminkte Gesicht deutet nicht unbe-dingt auf einen Clown hin; die Katalogbeschreibung schafft jedoch Klarheit: „Clown mit Katze, fein lackiert, beweglich, 17 cm."
Der ungewöhnliche Dressurakt stammt wohl von Bing, Nürnberg. Um 1910.

You wouldn't think that it's a clown because it has scanty make-up - but the catalogue description states clearly; "Clown with a cat, finely painted, mobile, 17 cm."
This uncommon act with a performing animal is probably by Bing, Nuremberg. About 1910.

scheiden. Es blieben jedoch immer noch genügend Szenen aus der Manege, die sich auch mit ihrer Bewegung in Spiel-zeugform realisieren ließen. Direktor, Zirkusreiter und Dompteur wurden mit ihren Dressurakten parodiert, nur daß die Clowns an Stelle von Lippizanern oder Löwen eben Esel, Schweine, Ziegen und Hunde vorführten.

Berühmt war z. B. die Nummer von Tom Belling jun., der einen verkleideten und entsprechend frisierten Hund als das kleinste Pferd der Welt präsentierte.

Als Blechspielzeug sind zahlreiche Inter-pretationen solcher Künste von Clowns

filled circus scenes that could be imitated in toy form. Acts where the clowns were in control - imitating the director, circus ri-der or trainer and presenting, (instead of horses or lions) donkeys, pigs, goats or dogs. For example, Tom Belling Jr. had a famous act, where a dog dressed and suit-ably styled was then staged as 'the smal-lest horse in the world'.

There are numerous versions of tin toy clown artistry - riding on the backs of pigs, as trainers of dogs or monkeys, or with stubborn mules.

There were a great number of toy clowns who couldn't do as much as the one de-scribed by Paul Hildebrandt, "One of the best mechanical, almost lifelike, works of art is the clown doing gymnastics on two chairs. His hands are resting on the back of two chairs, he then stands on his head, lifts his right hand and supports himself on his left hand, which rests on one of the chairs standing at an angle."

Turning handstands across the floor, doing backflips and juggling, were some of the standard actions of a lot of tin clowns. They naturally couldn't manage one of Enrico Rastelli's achievements - he could stand on a medicine ball and juggle six balls at the same time. The umbrellas, canes, plates and balls of the juggling clowns were either firmly connected with rods or by flexible spiral wires to the little moving entertainers, or now and then they were sometimes twisted or shaken by a rod from the works.

Tin toy clowns couldn't copy the breath-taking performances of the high wire tra-peze artists under the big top, - but the toy industry couldn't have solved the techni-cal problems anyway.

Intricately made clowns mastered for-ward and backward floor somersaults, gymnastics, and sometimes even mana-ged more than one function at the same time, or one after the other. These toys could have been made with a different physical appearance, and this was some-

mit störrischen Eseln, als Schweinereiter, Hunde- oder Affendressuren zu finden.

Eine sehr große Gruppe unter den Spielzeugclowns bilden die Artisten, von denen jedoch nicht alle zu solchen Leistungen fähig waren, wie sie der schon erwähnte Paul Hildebrandt beschrieb: „Eines der schönsten mechanischen Kunstwerke, das uns die Wirklichkeit fast vollständig vorzutäuschen scheint, ist der auf zwei Stühlen turnende Clown. Er hat die Hände auf beide Stühle gestützt und steht Kopf, indem er die rechte Hand los läßt und sich mit der linken auf den in schräge Lage gebrachten Stuhl stützt."

Im Handstand laufen, Purzelbäume schlagen und jonglieren, das gehörte zum Standardkönnen vieler Blechclowns.

times the case, but in the colourful costumes of the clowns they were easier to sell and visually more attractive. There were also famous top competitive artists in the circus world who did their act in a clown's costume. Very often ageing acrobats, whose strength and skills were no

Die Kombination von Musik und Tanz war bis in die zwanziger Jahre hinein ein beliebtes Motiv. Wenn das Federwerk abläuft, bewegt der Clown Arme und Kopf. Statt zu bezaubernden Flötentönen muß sich die Ballerina zu dem im Sockel produzierten blechernen Kling-Klang drehen. Bing, Nürnberg. Um 1900.

The mixture of music and dancing was a popular combination right into the twenties. When in operation the clown moves its arms and legs. Instead of dancing to the magical tones of a flute the ballerina has to turn pirouettes to a tinny, tinkling sound coming from the base.

Der handbemalte Clown schägt die lithographierte Trommel. Solche Stücke, bei denen die Figur bemalt und die technische Requisite bedruckt ist, haben oft einen ganz besonderen Reiz. Beschreibung im Katalog von Leonhard Staudt 1907: „Paukenschläger, fein gekleidet, mit beweglichem Kopf, schlägt die Pauke und Stürze, 19 cm hoch.“

The hand-painted clown hammers away at a lithographic drum. Items like this, where the figure has been painted and the technical requisite has been printed, are often extremely attractive. The description in Leonhard Staudt's catalogue dated 1907: "Drummer, finely dressed, with movable head, hits the drum and bell, 19 cm high."

In dieser phantastischen Erhaltung sind hand-lackierte Spielzeuge heute kaum noch zu finden. Wenn der Clown die Geige spielt und Musik ertönt, dreht sich der Hund dazu im Kreis. Hergestellt wurde die reizvolle Komposition von Günthermann in den zwanziger Jahren. Katalogbeschreibung: „Mit Uhrwerk, Revontinastimme, Handlackierung.“

Nowadays, hand-painted toys are seldom found in such a fantastic condition. The clown plays the fiddle and the dog turns around in circles to the sound of the music. This attractive pair was made by Günthermann in the twenties. Catalogue description: "With spring mechanism, Revontina sound, hand-painted."

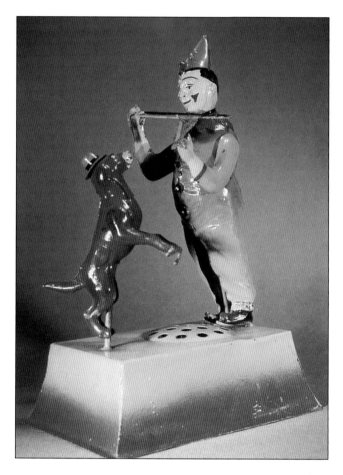

Ein Enrico Rastelli, der in seiner berühmtesten Nummer auf einem Medizinball stehend gleichzeitig noch mit sechs Bällen jonglierte, war natürlich nicht darunter. Die Schirme, Stöcke, Teller und Bälle der jonglierenden Spielzeugclowns waren entweder fest mit Stangen oder biegsamen Spiraldrähten mit den sich bewegenden kleinen Akteuren verbunden oder wurden mit Hilfe eines Gestänges vom Uhrwerk bewegt, so daß sie sich z. B. drehen oder wackeln konnten.

Atemberaubende Vorführungen unter der Zirkuskuppel am Trapez als fliegende

longer good enough for sensational feats, chose to continue their careers as clowns. In the travelling circuses artists, trainers, and even the director himself, frequently doubled up and also played the role of clowns.

The largest group of toy clowns are the section of musicians, most of them with drums, violins or brass instruments. Simple ones could only make straight-forward playing movements, better ones

Menschen waren ohnehin nicht Aufgabe der Clowns, sie hätten mit den Mitteln der Blechspielzeugindustrie auch nicht gelöst werden können.

Aufwendige Clownkonstruktionen beherrschten jedoch den Salto vor- und rückwärts am Boden, konnten turnen und sogar mehrere Funktionen gleichzeitig oder nacheinander ausführen. Diese Figuren hätten sich natürlich auch als normale Artisten herstellen lassen können, was in einigen Fällen auch geschah, aber im bunten Gewand des Clowns waren sie wohl besser verkäuflich und sahen attraktiver aus. Doch aus der Manege waren ja auch Hochleistungsartisten bekannt, die ihre Kunst gern im Clownskostüm präsentierten. Oft entschlossen sich auch alternde Akrobaten, wenn Geschick und Kraft für sensationelle Darstellungen nicht mehr reichten, zur Fortsetzung ihrer Karriere als Clown. Und im kleinen Wanderzirkus waren es ohnehin meistens die Artisten, Dompteure oder sogar Direktoren, die nebenbei auch noch die Rolle des Clowns zu übernehmen hatten.

Die größte Gruppe aller Spielzeugclowns bilden die Musikanten, meist mit Trommeln, Violinen oder Blasinstrumenten ausgerüstet. Einfache Ausführungen waren nur zu den entsprechenden Bewegungen fähig, bessere Exemplare produzierten meist ein paar Geräusche durch eingebaute Mehrtonwerke, die mit dem Klang der vorgeführten Instrumente natürlich überhaupt keinerlei Ähnlichkeit hatten. Teure Musikalclowns hatten eingebaute Walzenspielwerke mit zeitgenössischen Melodien, die manchmal sogar leidlich synchron zur Bewegung abliefen, aber ebenfalls nicht in der Lage waren, Trompeten-, Flöten- oder Geigentöne erklingen zu lassen. Eingebaute und vom Federwerk betriebene Blasebälge entlockten wiederum manchem musizierenden Clown Quietsch- oder Pfeiftöne. Lediglich die Trommler waren in der

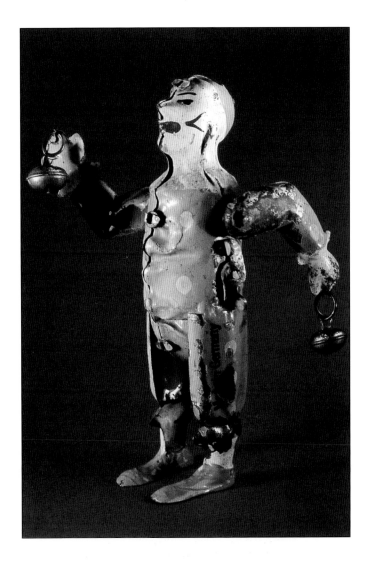

Mit kräftigen Armschwüngen läutet er die Glöckchen und dreht sich langsam auf der Stelle. Wahrscheinlich von Günthermann. Zwanziger Jahre.

He rings the bell with sweeping arm movements and turns around on the spot. Probably by Günthermann. From the twenties.

usually produced some noises from a built-in multitone work, which naturally didn't have any similarity to the sound of the instrument in question. Expensive clowns had a built-in pin studded cylinder producing contemporary music which sometimes almost kept time to the movements, but it didn't sound like a trumpet, flute or violin.

On the other hand, a built-in bellows driven by a spring mechanism drew squeaking or whistling tones from miscellaneous musical clowns. Only the drum-

Schweinereiter und -rennen sind keineswegs eine Erfindung der Spielzeugfabrikanten: Um die Jahrhundertwende zählten derartige Veranstaltungen zu den beliebtesten Attraktionen in der Manege.

Lehmanns „Tanzendes Schwein" wurde ab 1903 gefertigt und schüttelt den Hanswurst kräftig hin und her.

Der Clown mit den Stöckchen auf dem detailliert geformten Schwein (S. 35) rollt uhrwerkbetrieben nur geradeaus und wurde wahrscheinlich um 1900 von Bing gefertigt. Die schlichte und nur aus zwei Halbteilen bestehende Komposition auf dem Fahrgestell dürfte von Eberl stammen und wohl um 1900 entstanden sein. Das Rennschwein daneben könnte etwa zur gleichen Zeit von Bing gefertigt worden sein.

Pig jockeys and races were not invented by toy makers. At the turn of the century such performances were one of the most popular attractions in the manage. Lehmanns "Dancing Pig" shakes the clown about violently, it was produced from 1903.

The clown holding a cane and on the back of a finely detailed pig (p. 35), can only roll forward and is driven by clockwork. Probably made by Bing, about 1900.

The simple two part chassis combination, is probably by Eberl and from about 1900. The racing pig could be a Bing production from about the same period.

Lage, auch ohne Mehrton- oder Walzen-musikwerke eine klappernde Lärmkulis-se zu erzeugen.

Sehr schön, aber nicht allzu häufig, sind Clowns, die mehr durch ihre blecherne Persönlichkeit als durch mechanische Fähigkeiten Eindruck machen. Sie kön-nen sich meist nur im Kreise drehen, mit dem Kopf nicken oder den Hut zum Gruße heben. Um ihr Manko an Aktion auszugleichen, wurden sie oft besonders schön geformt und bedruckt.

Mit der zunehmenden Technisierung in den zwanziger und dreißiger Jahren wa-ren bald auch entsprechende Requisiten in den Manegen vertreten, die den Clown als dominierende Persönlichkeit jedoch oft in den Hintergrund drängten. Nach Eimern, Stühlen und Fässern, bockenden und unberechenbaren Reittieren wie Eseln, Ziegen und Schweinen wurde der Requisitenfundus nun um abenteuerliche Automobile, Motorräder und andere mo-torbetriebene Maschinen erweitert. Nun hatten die Clowns auch noch mit der Tücke des technischen Objekts zu kämp-fen, und wie immer blieb die rasche Reak-tion der Spielzeugindustrie nicht aus.

mers were able to produce noisy hamme-ring without a multi-tone or cylindrical music works. Clowns whose tin personal-ities are more impressive than their me-chanical abilities are very attractive, but not very common. Most of the time they only rotate in circles, nod their heads or lift their hats in greeting. To compensate for the lack of activity they were often particularly well-made and printed.

The technological developments in the twenties and thirties resulted in the ap-pearance of contemporary requisites in the circus arena, but very often these push-ed the clown from his dominating positi-on into the background. Requisites like buckets, chairs, barrels and unreliable partners (like donkeys, goats and pigs), were joined by hazardous cars, motor-cycles and other vehicles. The clown now had to cope with the problems of a technical object and the toy industry didn't take long to latch on to this deve-lopment.

Before very long, children also had fun with the hair-raising and breathtaking bicycle and motor cycle acts. Cars (which would have been forbidden on normal roads), imitated those from the circus arena, and drove around in the nursery with happy passengers and a lot of rat-tling and built-in malfunctions.

The use of such extras in the circus ring (vehicles exploding, objects taking off of their own accord, mechanical tricks), culminated in a chaotic "slap stick" in which the clowns were degraded, to be assistants of the technical objects. When a circus renaissance took place, the clown once more became an independent per-sonality and starring act, who used, and chose, his small number of requisites carefully.

Handstandläufer waren ein beliebtes Motiv und wurden von vielen Herstellern angeboten. Sie bewegen sich alle mit schwankendem Oberkörper vorwärts.
Chein, USA. Fünfziger Jahre.
Köhler (GKN), Nürnberg. Fünfziger Jahre.
Bing, Nürnberg. Um 1900.
Issmeier (JAJ), Nürnberg. Um 1910.

Handstand gymnasts were a popular theme and were made by many manufacturers. They all propel themselves forwards swinging the upper body.
Chein, U.S.A. The fifties.
Köhler (GKN), Nuremberg. The fifties.
Bing, Nuremberg. About 1900.
Issmeier (JAJ), Nuremberg. About 1910.

Der Blumenfreund stammt von Leonhard Staudt. Katalogtext von 1907: „Clown, fein gekleidet, mit beweglichem Kopf, Arm mit Glocke; beim Läuten sich fortbewegend, langgehendes Werk, 21 cm hoch."

The Lover of Flowers was made by Leonhard Staudt. Catalogue text from 1907: "Clown, finely dressed, with movable head, arm with a bell, moves when bell is rung, long running function, 21 cm high."

Musikclown von Carl mit beweglichen Armen. Uhrwerk. Um 1960.

Music clown by Carl, with moving arms. Clockwork, roughly 1960.

Bald hatten auch die Kinder ihren Spaß an haarsträubenden und atemberaubenden Darbietungen auf dem Fahr- und Motorrad. Autos, denen niemand die Zulassung zum Straßenverkehr erteilen würde, transportierten wie in der Manege nun knatternd und mit eingebauten Fehlfunktionen die lustigen Insassen durch die Kinderstube.
Der Ausbau der Requisitenkomik im Zirkus mit explodierenden Fahrzeugen, sich verselbständigenden Gegenständen und mechanischen Tricks führte oft zu einem chaotischen Klamauk, in dem die Clowns zu Handlangern der Technik degradiert wurden. Mit der Renaissance des Zirkus erfolgte auch wieder eine Rückbesinnung auf den Clown selbst als Persönlichkeit und Hauptdarsteller, der sorgsam seine spärlichen Hilfsmittel einsetzt.

36

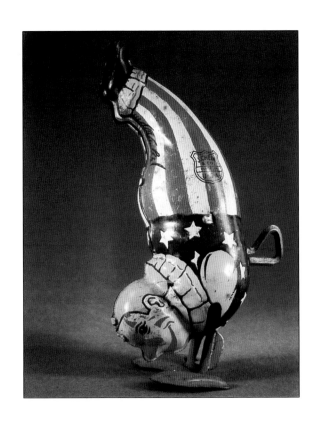

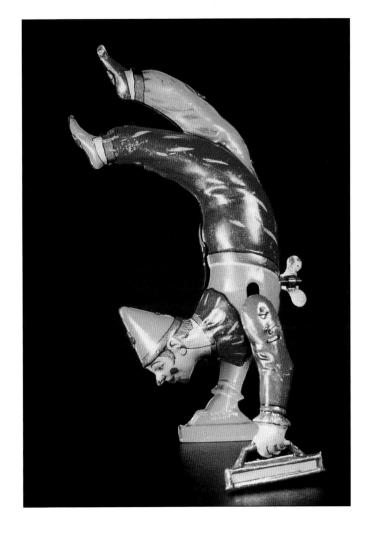

KOMIK AUS FERNOST

Abgesehen von den neuen Requisiten ist der Clown jedoch eine nahezu zeitlose Erscheinung. Die in den fünfziger und sechziger Jahren produzierten Blechspielzeugfiguren sind mit ihren über sechzig Jahre älteren Vorfahren in Form und Funktion oft identisch. Die uhrwerkbetriebenen Handstandläufer und Trommler unterscheiden sich von ihren Ahnen, mit denen sie das Repertoire noch gemeinsam haben, nur durch buntere Farben, zeitgenössisches Design der Lithographie und moderne Requisiten. Erst die japanische Spielzeugindustrie erweiterte das Funktionsrepertoire der Clownfiguren noch einmal beträchtlich, so daß sogar die Vorbilder aus der Manege übertroffen werden konnten.

Durch die Verwendung von Batterien und kleinen Elektromotoren ließ sich die Zahl der Bewegungsabläufe enorm steigern, auch konnten mehrere Funktionen gleichzeitig ausgeführt werden. Strom und Glühbirnen ließen Nasen und Ohren aufleuchten, kleine eingebaute Heizspiralen, auf die vorher Öl geträufelt werden mußte, sorgten für Rauch und Qualm aus allen Körperöffnungen. Einige konnten mit Hilfe von Gebläsen sogar Seifenblasen erzeugen.

Die japanischen Hersteller kopierten nicht nur erfolgreiches deutsches Spielzeug, sondern brachten vor allem mit den Batterieautomaten noch viele Neuheiten auf den Markt. Sie kombinierten auch in wesentlich größerem Maße als andere Fabrikanten verschiedene Materialien. Ihnen gelangen einige interessante Konstruktionen aus der Verbindung von Blech mit Plastik, oft noch ergänzt durch Stoff, Filz, Gummi usw.

Spätestens hier jedoch scheiden sich bei den Sammlern die Geister.

Dabei geht es ihnen nicht so sehr um Materialfetischismus. Wer nicht nur Wert auf eine originelle mechanische Funk-

COMEDY FROM THE FAR EAST

Apart from contemporary requisites the clown remains an almost unchanging, ageless being. The tin toy figures made in the fifties and sixties are often identical in form and function to their sixty year old predecessors.

The clockwork-driven handstand gymnast and the drummer have a similar repertoire to that of their forerunner, they only differ from them in the brighter colours, the contemporary lithographic design and their modern accessories. Only the Japanese toy industry extended the repertoire of their actions even further, with the result that they even outdo the activities of genuine clowns.

The use of batteries and small electrical motors made an enormous number of movements possible, and also more than one of these at any time.

Electricity and light bulbs lit up ears and noses. Oil drops directed onto small heating coils produced smoke and fumes from all parts of the body. Some could even blow soap bubbles by means of bellows.

Japanese manufacturers didn't only successfully copy German toys, they also put a lot of new items on the market, especially battery robots. They combined different kinds of materials too, much more than other manufacturers. They managed to produce some interesting constructions made of a combination of tin and plastic which was often also supplemented with cloth, felt, rubber and so on.

Many collectors have mixed feelings about this. It's not so much that there is just a fetishist concern about materials, but anyone who values original mechanical functions and aesthetical, nostalgic, general appearances, won't be tempted by the "Clown-Robots" from the Far-East, which were mainly made with the tastes and demands of the American market in

tion legt, sondern den ästhetischen und nostalgischen Gesamteindruck bevorzugt, wird den fernöstlichen „Clown-Robotern", die hauptsächlich für den amerikanischen Markt und Geschmack gefertigt wurden, keinen großen Reiz abgewinnen. Wer die sparsame Bemalung eines handlackierten Clowns - meist nur zweifarbige Kleidung, ein leicht geschminktes Gesicht und ein paar zusätzliche Farbtupfer - oder auch die noch dezente Lithographie der Spaßmacher aus den fünfziger Jahren mit der Gestaltung ihrer späten Nachfolger vergleicht, wird schnell feststellen, daß er sich zwei Welten gegenübersieht. Wie fast immer, bestätigt aber auch hier die Ausnahme die Regel, und über Geschmack, der bei manchem Sammler auch vom Geldbeutel beeinflußt wird, läßt sich bekanntlich streiten.

DAS SCHÖNE GESICHT

Oleg Popov, der kleine Clown vom Moskauer Staatszirkus mit dem beinahe unbeweglichen Gesicht und einer der letzten Großen seiner Zunft hat einmal gesagt: „Vierzig Jahre braucht der Clown, bis er das richtige Gesicht hat."

Sicher wird er dabei nicht an die handlackierten Blechveteranen aus der Zeit der Jahrhundertwende gedacht haben; wer aber den heiter-melancholischen Ausdruck dieser Gesichter mit den grellbunten, fast zur Karikatur gesteigerten Gesichtszügen der Figuren aus der letzten Epoche des Blechspielzeugzeitalters vergleicht, wird ihm auch in Bezug auf Spielzeugclowns zustimmen.

Nahezu einhundert Jahre war Blech der dominierende Werkstoff für mechanisches Spielzeug und damit auch für bewegliche Clowns. Mechanische Figuren mit Federwerk aus Holz oder Pappmaché wurden nur selten angeboten, da sie der Beanspruchung nicht lange standhielten

mind. Anyone who compares the lightly painted, hand-made clowns (usually painted in just two colours, with scant make-up and only a few additional spots of colour) or the restrained lithography of the buffoon from the fifties, to their successors of later years will soon see that they are looking at two different worlds.

There are always exceptions to the rule of course, and there's no accounting for personal taste either (it also sometimes depends on the individual financial situation).

Von Georg Levy aus Nürnberg gab es mehrere Spielzeuge, bei denen ein Propeller sich über dem Kopf der Figur drehte. Dieser Clown spielt auch noch mit einem Ball, der über die Drahtspirale den Turm hinauftransportiert wird, dann über die Rutsche durch die Schüssel wieder zum Turm zurückrollt. Höhe 28 cm. Zwanziger Jahre.

Georg Levy from Nuremberg created several toys where a propeller spun above the head of the figure. This clown is also playing with a ball which is transported via a twisted wire to the top of the tower, then down the slide, through the dish and back to the tower again. Size 28 cm. The twenties.

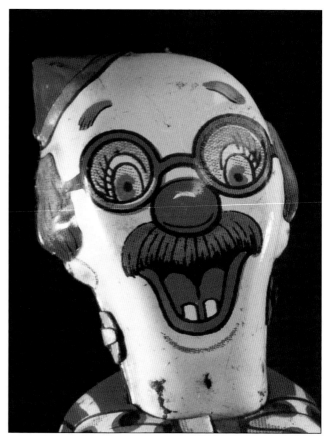

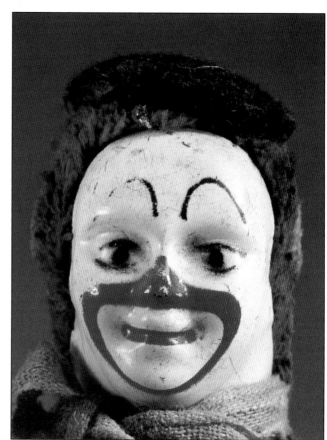

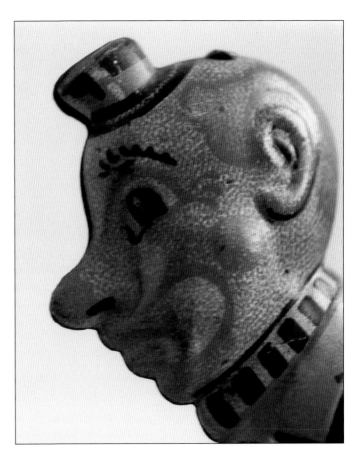

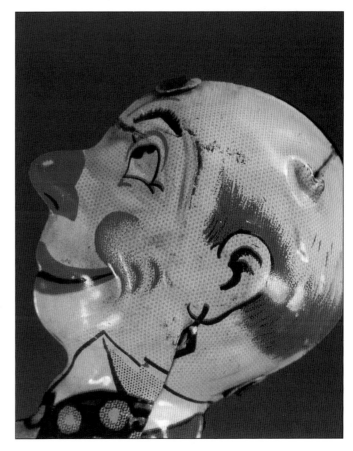

und zudem sehr feuchtigkeitsempfindlich waren.

Häufiger wurde allerdings Blech mit anderen Materialien kombiniert, indem Metallskelette mit Stoff überzogen wurden und Köpfe, Hände und Füße aus Pappe, Holz oder Celluloid geformt wurden.

Bei einigen Herstellern diente Blech auch nur zur Formgebung und Stabilität. Bei

Als Klassiker gilt der „Störrische Esel" von Ernst Paul Lehmann aus Brandenburg. Das Gefährt wurde von etwa 1897 bis 1937 nahezu unverändert hergestellt und ist aufgrund seiner hohen Auflage und der nahezu unverwüstlichen Qualität auch heute noch oft zu finden.
Das bockende Tier bewegt sich mit der Kutsche unberechenbar vor- und rückwärts und schüttelt den Clown kräftig durcheinander.

"The stubborn mule" was a classic. It was made by Ernst Paul Lehmann in Brandenburg. The figure was made from about 1897 until 1937 in an almost unchanging form. Because of the large numbers produced and its lasting durability it can still often be found nowadays. The jerking animal moves forwards and backwards, the carriage moves uncontrollably and the clown is shaken violently about.

THE NICE FACE

Oleg Popov, the little clown from the Moscow State Circus, who has an almost immobile facial expression and is one of the last greats in the brotherhood of clowns, once said, "A clown needs forty years until he has the right face". He most certainly wasn't thinking of the hand-painted tin veterans dating from the turn of the century, although anyone who contemplates the bright, melancholic facial expressions of the figures from the last epoch of tin toys will agree with this remark if it is also used in relation to toy clowns.

For almost a hundred years, tin was the dominating material used for mechanical toys - and therefore for mobile clowns. Mechanical figures with spring mechanisms, made out of wood or papiermaché, were rare because wear and tear meant they had a short life span, and in addition to this they were also moisture-sensitive.

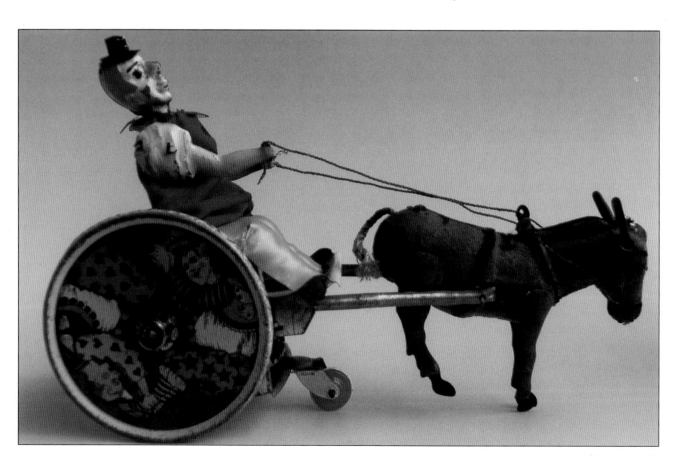

solchen Konstruktionen wurden dann große Körperpartien mit Stoff, Plüsch, Filz oder sogar Seide bezogen. Bekannt für solche Kompositionen ist die Firma Max Carl, Marktführer für mechanische Plüschtiere und auch Hersteller einiger schöner Clowns.

KINDERARBEIT FÜR KINDER

Blechclowns entstanden, wie andere Spielzeugfiguren auch, erst durch den Zusammenbau vieler Einzelteile. Fast immer wurden eine rechte und eine linke Körperhälfte zusammengefügt, wesentlich seltener sind Ausführungen, die aus einem vorderen und einem hinteren Teil bestehen. Die erstgenannte Methode war fertigungstechnisch einfacher und kostengünstiger, da sie u.a. weniger Investitionen für Entwürfe, Stanzen usw. erforderte. Bewegliche Einzelteile wie Köpfe, Arme und Beine wurden extra gefertigt

Die bis Ende der zwanziger Jahre noch in riesigen Auflagen hergestellten Groschenspielzeuge sind heute schwer zu finden. Die selteneren dieser Miniaturen erreichen inzwischen ein Preisniveau wie großes figürliches Spielzeug mit Federwerk. Wenn man die Schiebemechanik betätigt, bockt der Esel und streckt die Hinterläufe in die Höhe. Vorsichtshalber tritt der Clown etwas zurück. Die Figuren gab es als Schiebespielzeug auch auf einem Fahrgestell. Hersteller: J. P. Meier, Nürnberg. Um 1910.

The "penny-toys", produced in large quantities until the end of the nineteen twenties, are hard to find today. Rare examples of these miniature items now cost as much as large figural clockwork toys. By slide mechanism, the mule bucks and kicks his hind legs in the air. To be on the safe side, the clown moves out of the way. This toy could also be had as slide toy on a chassis. Manufactured by J.P. Meier, Nuremberg. About 1910.

It was more common to combine tin and other materials, by covering a metal skeleton with cloth and then adding heads, hands and feet of cardboard, wood or celluloid. Some producers only used tin because of its modelling properties and because it provided stability. Such con-

Der kleine Rastelli von Kellermann (Nürnberg) scheint Schwerstarbeit zu verrichten. Die an den sich drehenden Stäben befestigten Kugeln sind aber aus Pappmaché. Zwanziger Jahre.

The little Rastelli by Kellermann, Nuremberg, seems to be working extremely hard, but actually the balls fastened to the twisting rods are only made of papier-maché. The twenties.

und mit dem Körper sowie dem Antriebsmechanismus verbunden. Bei Billigprodukten bestand der ganze Clown manchmal nur aus zwei Halbteilen, wodurch die mechanische Funktion natürlich auf ein Minimum - meist nur eine Art der Fortbewegung auf Rädern - reduziert wurde.

Das Zusammenfügen der Einzelteile erfolgte bis etwa 1900 vorwiegend durch Löten, anschließend wurde das fertige Stück bemalt, besprüht oder auch mit Hilfe von Schablonen lackiert. Der Auftrag zur Bemalung wurde von vielen Fabrikanten an Heimarbeiter vergeben, die unter Einbeziehung der gesamten Familie, auch der Kinder, die angelieferten Rohfiguren mit Farbe versahen. Was heute in nostalgischer Verklärung oft wie liebevolle Malerei erscheinen mag, war harte Akkordarbeit, da nach fertiggestellten Stückzahlen abgerechnet wurde. Die meisten Kinder, die zu dieser Tätigkeit herangezogen wurden, hatten niemals Gelegenheit, mit den für sie viel zu teuren Produkten auch spielen zu können.

structions had a lot of body areas which were covered with cloth, plush, felt or even silk. The Max Carl company topped the market in the field of mechanical plush animals and also produced some lovely clowns.

CHILD LABOUR FOR CHILDREN:

Like other toy figures, tin clowns were made up of a lot of single parts. Mostly the two sides of the body, the right and left, were joined together. The ones where the body is made up of a back and front part are much rarer. The method first mentioned was easier to make and it was also cheaper to produce because, among other reasons, it required less investment in the designs and the stamps etc. Moving parts like heads, arms and legs were made separately and joined to the bodies and the driving mechanisms later.

A cheap clown was sometimes only made of two halves, whereby the mechanical function was reduced to the minimum - usually just wheels.

Until roughly 1900, the individual pieces were mostly soldered together. When finished, the item was painted, sprayed, or varnished by means of stencils. Many manufacturers commissioned the painting in out-work. The whole family was engaged in the painting of the raw figures. What today is nostalgically regarded as lovingly executed paint-work, was in fact back breaking piece-work where the amount of payment depended on the number of finished items.

Most of the children who worked on these items never had the chance to play with such toys, and they were too expensive for them anyway. Here are some comments taken from an article in the "Gartenlaube", in 1899, it was reporting on "The German Toy Industry" - about tin toy production and its cottage industries:

Die „Gartenlaube" berichtete 1899 in einem Artikel über „Die deutsche Spielwarenindustrie" zum Thema Heimarbeit in der Blechspielwarenherstellung: „Vom technischen Standpunkt betrachtet, ist sie die Betriebsform der sogenannten Saisongewerbe, weil sie das Risiko der flauen Zeit auf die schwächsten Schultern, nämlich auf die Arbeiter, abzuwälzen vermag. Handelspolitisch ist sie bestimmt, den Weltmarkt mit allen jenen Massenartikeln zu versorgen, bei denen mehr auf Quantität und billigen Preis als auf Qualität gesehen wird, weil sie die billigsten Arbeitskräfte: diejenigen der Frauen und Kinder bis an die Grenze, die die Natur überhaupt noch zuläßt, auszunützen vermag. Die Spielwarenindustrie im besonderen ist die Kinderindustrie par excellence: Kinder arbeiten für Kinder. Die Zahlen über die in der Hausindustrie beschäftigten Kinder sind durchweg zu niedrig gegriffen. Wer nur einmal einen tieferen Blick in das Leben der hausindustriellen Bevölkerung getan hat, wird sich der Erkenntnis nicht verschließen können, daß die Ausbeutung kindlicher Arbeit hier einen sehr bedenklichen Umfang erreicht hat."

Auch ein Vierteljahrhundert später war die Situation der Heimarbeiter für die Spielwarenindustrie trotz des Kinderschutzgesetzes von 1903, das die Beschäftigung von Kindern unter 12 Jahren untersagte, keineswegs besser, zumal die Beteiligung der Kinder an der familiären Heimarbeit nahezu unkontrollierbar war. In einem begleitenden Kommentar zum Nachdruck des „Universal-Spielwaren-Kataloges 1924/26" wird dazu aus der „Gewerkschafts-Zeitung" vom 9. Mai 1925 zitiert: „Elendsbilder liefern besonders die Bürstenindustrie und die Puppenmöbelfabrikation des Erzgebirges, die Spielwarenindustrie des Sonneberger Bezirkes, die Blechspielwarenbranche in und um Nürnberg und die Korbflechterei in Oberfranken. In der Spielwarenindu-

Das Zirkusdreirad fährt unregelmäßige Kurven und droht nach hinten umzukippen. Das Fähnchen mit dem Aufdruck „Circus" hat der kleine Bär verloren. Hersteller Kellermann (CKO), Nürnberg. Zwanziger Jahre.

The circus tricycle moves in wobbly circles and threatens to tip over backwards. The small bear has lost the little flag with the inscription "Circus". Made by Kellermann (CKO), Nuremberg in the twenties.

"Technically speaking it's only a so-called seasonal employment because it passes the risk of bad times onto the workers. Its economic policies take advantage of the cheapest form of labour (that of women and children) and exploit them to the limits in order to supply the world market with all those mass products where more attention is paid to quantity and a cheap price than to quality.

Child industry par excellence! - Children working for children. Information about the numbers of children working in cottage industries is definitely not accurate. Anyone who takes a close look at the life of people working in home industries won't be able to deny that the exploitation of child labour has reached an alarming proportion."

Even a quarter of a century later, despite a child labour protection act in 1903

strie trifft man fast ausnahmslos auf Fälle grausamster Kinderarbeit. Schon die ganz Kleinen, noch nicht schulpflichtigen, leisten hier tagein, tagaus Erwerbsarbeit, und zwar bei der Herstellung von Gegenständen, die geschaffen werden, um Kindern Freude zu machen. Für diejenigen Kinder, die die Gegenstände herstellen helfen, werden sie zum Fluch. Es werden nämlich oft genug, trotz der Mithilfe der Kinder, nur Stundenverdienste von 7 bis 12 Pf. erzielt, wie z. B. bei der Herstellung von Metallspielzeug primitiver Art in der Nürnberger Gegend. Eine Ausdehnung des Arbeitstages bis in die Nacht hinein ist die Folge."

Da einfache mechanische Uhrwerkfiguren zu dieser Zeit etwa 70 Pfennige bis eine Mark kosteten, qualitativ besser und aufwendiger gestaltete Spielzeuge noch teurer waren, hätte also ein ungelernter Arbeiter seinen gesamten Tageslohn für die Anschaffung einer einfachen Blechfigur aufwenden müssen, und das zu einer Zeit, in der das zum Überleben notwendige Familieneinkommen nur durch die Mithilfe der Kinder erzielt werden konnte. Für die Unterschichten blieb also allenfalls Groschenspielzeug, die „Pennytoys" zum Billigstpreis.

Mit dem vorher erwähnten primitiven Metallspielzeug sind natürlich auch viele der heute von Sammlern so begehrten und teuren Clowns gemeint.

Von einigen Unternehmen wurde die erwähnte Fertigungsmethode - Zusammenlöten der Einzelteile und anschließende Handlackierung der Figuren - noch bis weit in die zwanziger Jahre hinein beibehalten. Ab ca. 1890 benutzten etliche Hersteller jedoch auch schon bedruckte Tafelbleche, aus denen die Einzelteile zunächst ausgestanzt, dann geformt und anschließend nach dem Einbau des Federwerkes durch Laschen miteinander verbunden wurden. Große Spielwarenhersteller hatten eigene Blechdruckerei-

(which forbid the employment of children under the age of 12), the situation of home workers in the toy industry had not improved. It was almost impossible to control from the legal point of view anyway because the work took place in the familiar surroundings of the home. In an accompanying commentary to a reprint of the "Universal Toy Catalogue 1924/26", the "Gewerkschafts-Zeitung" (a union newspaper) dated 9th May, 1925 the following was stated: "The brush industry, the doll factories in the Erz mountains, the toy industry of the Sonneberg region, the tin toy industry in and around Nuremberg and the basket weavers in Upper Franconia present a special picture of misery. There is an extraordinary amount of cruel child labour everywhere in the toy making industries. Even very small children, who are not yet old enough to go to school, have to contribute to the daily work quota, and help to produce items that are intended to keep children happy.

For the children who help to make them they are a curse. The hourly wage for making toys like the primitive metal ones from the region of Nuremberg is only 7-12 Pfg. This means that despite the use of child labour, the working day carries on right into the night."

At that time simple mechanical figures cost about 70 Pfg. - 1 DM each, ones that were more complicated and of better quality were even more expensive. This meant that a simple tin toy cost an unskilled worker a whole day's wages, at a time when the help of children was needed just to earn the simple necessities of life. The lower classes had no other choice, if at all, than the "pennytoys" in their cheapest form.

The previously mentioned 'primitive metal toys' are of course many of the expensive and coveted clowns passionately wanted by collectors nowadays. Some of the firms who used the afore mentioned

Die recht schlicht gestaltete Figur von Max Moschkowitz aus Nürnberg besteht mit Ausnahme der Schuhe nur aus zwei Halbteilen. Auch mit der Kunst ist es nicht weit her: Eine Unwucht im Werk sorgt nur für eine Drehbewegung. Die ungewöhnliche Gesichtsfärbung dürfte den Verkaufserfolg auch nicht gerade gefördert haben. Dreißiger Jahre.

With the exception of the shoes, the rather plainly made figure by Max Moschkowitz from Nuremberg is made out of just two halves. There isn't much to say about what it does - it can only turn, by means of a weight. The unusual face colouring probably didn't help to make it a sales success either. The thirties.

Mit schwankendem Oberkörper bewegt er sich langsam vorwärts und schaut bedächtig nach links und rechts. Die 20 cm hohe Figur ist heute selten zu finden; wahrscheinlich war sie trotz der hübschen Funktion aufgrund der für einen Clown ungewöhnlichen Farbgestaltung und der etwas strengen Ausstrahlung kein großer Verkaufserfolg. Deutsch. Zwanziger Jahre. Der Hersteller konnte noch nicht ermittelt werden.

He moves forwards slowly with his upper body rocking, looking carefully to the right and to the left. The 20 cm high figure is a rare find today. Probably it was not a very successful selling item because, despite its lovely function, the clown's paintwork colouring was unusual and its expression was also a bit serious. German. The nineteen twenties. The maker hasn't yet been pin-pointed.

en, andere ließen die Blechtafeln nach ihren Entwürfen von den darauf spezialisierten Firmen anfertigen. Einen ganz besonderen Reiz haben auch Stücke, bei denen beide Methoden miteinander kombiniert wurden, die Figur handlackiert und die technische Requisite, etwa ein Musikinstrument, lithographiert war.

„Humbsti-Bumbsti" von Hans Eberl aus Nürnberg ist ein Action-Fahrzeug mit einem Clown in der Rolle des hilflosen Statisten. Katalogbeschreibung von 1928: „Sehr originell; fährt zuerst geradeaus und plötzlich überschlägt sich der Wagen vollkommen, um dann wieder geradeaus zu fahren, überschlägt sich dann wieder usw., bis die langlaufende Feder ausgelaufen ist. Sehr stark gebaut, ganz bunt lackiert. Zum Totlachen. Größe 25 x 16 x 12 cm."

"Humbsti-Bumbsti", which was made by Hans Eberl in Nuremberg, is an action vehicle with a clown as a helpless walk-on player. The catalogue description from 1928: "Very original, the car drives straight on, turns over, rights itself again, and carries on once more, and so on ..., until the long-running spring has run out. Very sturdily built, painted in bright colours. You'll kill yourself laughing. Size 25 x 16 x 12 cm."

methods of soldering the individual pieces and then hand painting the figures did this until well into the twenties. From about 1890, many manufacturers already used printed tin sheeting. The individual pieces were punched out of the sheets, formed, and after the spring mechanism was fixed they were then joined together by tabs.

Big manufacturers had their own tin printing works, others had the tin sheeting finished according to their design by a specialist firm. The toys which combine both methods, hand painting and lithographic technical requisites (like a music instrument), are particularly attractive.

The various production methods provide an interesting aspect for collectors because the mechanical clowns are not only intriguing because of what they can do but also because of their facial expression, and this can't always be said about a lot of other figures. The joining up of left and right sections often meant that the profi-

Die unterschiedlichen Fertigungsmethoden sind für Clownsammler nicht uninteressant, denn neben der Funktion liegt der Reiz des mechanischen Clowns - anders als bei vielen anderen Figuren - auch ganz besonders im Gesichtsausdruck. Das Zusammenfügen bedruckter linker und rechter Hälften führt zwar oft zu einem schönen und eindrucksvollen Profil, die Frontalansicht jedoch ist häufig enttäuschend: Mitten durch das Gesicht verläuft dann die Nahtstelle mit den Verbindungslaschen, und nicht selten befindet sich die Nasenspitze der einen Hälfte in Augenhöhe des anderen Teils. Gelegentlich wurden die Nahtstellen und Verbindungslaschen, wo beim Stanzen und Biegen bedruckter Bleche häufiger die Farbe absplitterte, nach dem Zusammenbau noch von Hand überlackiert.

Dies war natürlich nicht nur bei den Clowns, sondern gelegentlich auch beim übrigen Blechspielzeug der Fall.

Es handelt sich dann nicht etwa, wie viele Sammler glauben, um einen nachlässig durchgeführten Restaurierungsversuch, sondern um eine werksmäßige Nachbesserung. Solche kleinen Lackierungen sind auch kein sicheres Indiz dafür, daß ein Bastler den Versuch gemacht hat, das Innenleben der Figur kennenzulernen und die beim Eingriff entstandenen Kratzer durch Farbe zu verdecken versuchte.

Diese Probleme kennt der Sammler handlackierter Clowns nicht, da die farbliche Gestaltung ja erst nach dem Zusammenfügen aller Einzelteile erfolgte. Die durch die Handlackierung gewonnene Ausstrahlung des Clowngesichtes erhöht zudem noch den Reiz dieser Figuren. Je älter die Clowns, desto größer ist meistens auch die individuelle Wirkung. Die Produktionsverfahren im neunzehnten Jahrhundert waren nämlich noch nicht so ausgereift, daß Figuren einander wie Eier gleichen konnten. Beim Formen

le was impressive but very often the front view was disappointing. The join and its tabs run through the middle of the face. Quite often this meant that the tip of the nose on one side of the face ended up at the level of the eye on the other side. The paint on the tabs and on the joints often splintered off during the punching out and moulding of the tin sheeting. This then had to be touched up by hand after, a process that didn't merely apply to clowns of course but where it was necessary to all the other kinds of tin toy production too.

Many collectors think such paintwork is a slipshod restoration attempt but this is not the case. These small paint jobs are no certain indication that a someone has attempted to have a look at the workings of a figure and tried to cover up the scratches he made in the process. Collectors of hand painted clowns don't have this problem because the painting was done after the parts were joined. The hand painting also intensifies the facial attraction of these figures and time heightens the effect. Nineteenth century production methods were fraught with problems and the figures didn't turn out like two peas in a pod. The forming of the parts sometimes resulted in cracks and creases, soldering points were not in exactly the same position on all of the copies and of course the paintwork was not always identical.

Clowns dating from the turn of the century or even earlier are rarely found to be in mint condition, most of the items have traces that show they were playthings. For some collectors the special charm of a beauty that's been a real plaything is greater than the sterile appearance of a brand-new untouched item.

"Only mint conditioned and boxed" means only a brand new appearance and in the original box and this is the governing motto of many collectors. Anyone who thinks in terms of price stability and

der Blechteile entstanden noch Falten und Risse, Lötstellen saßen nicht bei allen Exemplaren immer punktgenau an den gleichen Stellen, und natürlich konnte auch die Bemalung nicht immer identisch sein.

Da Clowns aus der Zeit der Jahrhundertwende und früher in fabrikneuer Erhaltung zudem kaum noch zu finden sind, weisen die meisten Sammelobjekte auch noch unterschiedliche Spielspuren auf. Eine leicht bespielte Schönheit mit individuellem Charme begeistert viele Figurensammler jedoch häufig mehr als die Sterilität eines noch fabrikfrisch wirkenden

Der pudelähnliche Mischling bleibt brav an der Leine und führt seinen Herrn im Zick-Zack-Kurs durch die Gegend. Für einen Auftritt in der Manege reicht die Kunst des Pärchens von Blomer & Schüler (Nürnberg) aus den dreißiger Jahren wohl nicht aus.

The poodle-like mongrel stays on the lead and pulls his master along in a zigzag course. Not really sufficient to appear in the circus manage though. By Blomer & Schüler (Nuremberg) from the thirties.

Die Bewegungen bekleideter Clowns wirken oft harmonischer und fließender als bei reinen Blechfiguren. Für die Herstellung dieser Jongleure wurden u. a. Pappe, Filz, Draht und Kunststoff benutzt. Der Ballartist bewegt die Arme und rutscht ruckartig vorwärts. Er wurde wahrscheinlich in den dreißiger Jahren von der Firma Motschmann (EMO) aus Neustadt bei Coburg produziert. Wenn der Jongleur daneben den Oberkörper bewegt, drehen sich auch sämtliche Ringe. Seine Heimat ist wahrscheinlich Frankreich.

The movements of clowns dressed in clothes often appear to be smoother and more harmonious than those of just purely tin figures. Cardboard, felt, wire and plastic, among other things, were used in the making of these jugglers. The ball artist moves his arms and his body forward jerkily. He was probably made by the Motschmann company (EMO) from Neustadt near Coburg. When the juggler next to him moves his upper body all of the rings revolve. He probably comes from France.

future reselling price is advised to buy such items but for the most part they will have to forget about really old rarities.

Hand painted toys are old and relatively rare, this is why they are so expensive. It's the reason why there are predominantly lithographic items in most collectors' show cases.

Some producers of printed clown figures tried to create a more expressive facial

Spielzeug mit „Cri-Cri" von Kellermann aus den zwanziger Jahren. Die im Text beschriebene Druck-mechanik befindet sich hinter der Figur. Bei ihrer Betätigung ertönt nicht nur das Geräusch, auch der Hund springt in die Höhe.

A toy with "cri-cri" by Kellermann made in the twenties. The press mechanism described in the text is in the back of the figure. When activated there's not just a noise but the dog also jumps up in the air.

Schaukelnd bewegt sich die Komposition vorwärts. Hersteller Bell, Italien. Dreißiger Jahre.

The composition moves forward in a rocking move-ment. Made by Bell. Italy, the thirties.

51

Objektes. „Nur mint and boxed", also fabrikneu und mit Originalschachtel, heißt die Maxime etlicher Blechspielzeugsammler. Wer vorwiegend an Werterhaltung und eine gute Wiederverkaufsmöglichkeit denkt, ist damit auch gut beraten, muß aber auf wirklich alte Raritäten dann weitgehend verzichten.

Handlackiertes Spielzeug ist alt, relativ selten und darum meistens teuer; deshalb befinden sich in den Vitrinen vieler Sammler vorwiegend lithographierte Exemplare.

Einige Hersteller bedruckter Clownfiguren versuchten ausdrucksvollere Gesichter durch die Verwendung vorderer und hinterer Kopfteile zu erzielen. Von anderen wurde das Gesicht aus einem Stück Blech in der Art einer Maske gefertigt und vor dem Kopf befestigt.

Die bekanntesten Beispiele dafür sind die Schuco-Tanzfiguren.

Die meisten Spielzeugclowns waren Solisten, als Duo oder Trio traten sie nur selten auf, und wenn, dann meistens als Musikanten.

Eine Besonderheit bilden mechanische Clowns, die nicht von einem Federwerk bewegt, sondern von einer Dampfmaschine angetrieben wurden. Sie sind nur eine der vielen Kuriositäten in der Spielzeugwelt, denn zur großen Zeit des Dampfspielzeugs und noch bis in die dreißiger Jahre hinein wurden nahezu alle Arten figürlichen Spielzeugs auch als Betriebsmodelle angeboten. Selbst Biertrinker, Grasmäher, Kaminkehrer und Bäcker waren dabei.

Eine von der Dampfmaschine angetriebene und von einem Clown durchgeführte Hundedressur mag zwar heute ebenso absurd wirken wie ein Spaßmacher am Reck neben der fauchenden und zischenden Maschine, als Kinderspielzeug jedoch waren diese Kombinationen sehr beliebt.

Die Beliebtheit von Zirkusmotiven und' insbesondere Clowns zeigt sich auch bei

look by using back and front sections of the head. Others made the face out of one piece of metal in the style of a mask and fitted it to the front of the face.

The best known examples of these kinds of figures are the Schuco-Dancing-Figures. Most of the toy clowns were soloists. It was rare to find them in duos or trios, if so, then as musicians.

Mechanical steam driven clowns are rarities. They are only one of many curiosities in the toy world because at the peak period of steam engine toys, and until well into the thirties, nearly all kinds of figural toys were offered as working models. There were even beer drinkers, figures who mowed lawns, chimney sweeps and bakers. A toy clown as a dog training act and driven by steam may seem absurd nowadays but no more so than the buffoon on the horizontal bars placed right next to a hissing, whispering steam driving mechanism. As children's toys they were extremely popular.

Circus motives, showing scenes from the manage and clowns in particular, were favourite themes and were used a lot of other non-mechanical toys and items for children - like for example money-boxes, drums, paintboxes, pencil boxes etc.

NUREMBERG: CENTRE OF THE TOY WORLD

Nuremberg was the centre of the German toy industry. "Nuremberg trinkets" soon became synonymous with German toys, even when these toys came from some other area of Germany (like the Erz mountains) or were only rerouted via a wholesaler in the town. The sale of toys made elsewhere, and sold to customers at home or abroad, was organized in the Franconian capital because most of the important wholesalers had their headquarters there. Nuremberg and its Toy Fair, which takes place every February,

vielen anderen nichtmechanischen Spielzeugen und Gebrauchsgegenständen für Kinder, die mit bunten Szenen aus der Manege bedruckt waren: Sparbüchsen, Trommeln, Farbkästen, Schwamm- und Griffeldosen usw.

NÜRNBERG:
NABEL DER SPIELZEUGWELT

Das Zentrum der deutschen Blechspielzeugindustrie war Nürnberg. „Nürnberger Tand" wurde bald zum Synonym für deutsches Spielzeug, auch wenn es aus dem Erzgebirge oder einer anderen Gegend stammte und nur den Umweg über Nürnberger Händler nahm. Über die fränkische Metropole wurde nämlich auch der Vertrieb vieler andernorts produzierter Spielzeuge in alle Landesteile und die ganze Welt organisiert, da hier auch die bedeutendsten Großhändler ihre Niederlassungen hatten. Mit der jährlich im Februar stattfindenden Spielwarenmesse ist Nürnberg auch heute noch Zentrum des internationalen Spielwarenhandels. Wann und wo der erste mechanische Spielzeugclown entstand, wird sich wohl nie genau feststellen lassen. Eines der ältesten bekannten Dokumente über das frühe Spielzeugangebot ist ein 1803 erschienenes „Magazin von verschiedenen Kunst- und anderen nützlichen Sachen" des Nürnberger Galanteriewarenhändlers Georg Hieronimus Bestelmeier, in dem schon einige Motive aus der Welt des Zirkus zu finden sind, u. a.: „Ein Equilibrist oder kleiner Seilfahrer, welcher in mechanischen Kollegien gebraucht werden kann", „Ein kleiner Seiltänzer für Kinder, mit einer seidenen Scherpe. Dieser schwingt sich, wenn man neben dreht, zwischen zwei sauber lakierten Säulen herum", „Ein Bärentanz, wenn man an demselben dreht, so tanzt der Bär im Kreiß herum".
Ein besonders teures Stück von Bestel-

Außergewöhnlich aufwendig konstruiert und detailliert gestaltet ist der Cowboy-Clown der Gebr. Schmid (Gescha), Nürnberg. Die Fahrtrichtung des uhrwerkbetriebenen Fahrrades läßt sich mit Hilfe des Lenkers einstellen. Wenn der Clown kräftig in die Pedale tritt, dreht sich neben den gummibereiften Rädern auch das als Lasso geformte Stützrad mit. Das fragile Gerät aus den fünfziger Jahren war der Beanspruchung durch Kinderhände nicht lange gewachsen und ist deshalb heute nur noch selten zu finden.

The cowboy-clown, made by the Gebr. Schmidt (Gescha) in Nuremberg has an unusually lavish construction. The direction of the clockwork bike can be fixed with the help of the handlebar. When the clown pedals fast, he turns the bike's wheels (with rubber tyres) and the supporting wheel (in the shape of a lasso). This fragile item from the nineteen fifties suffered badly in children's hands and is therefore a rare find today.

is still the centre of world toy trade today. It's almost impossible to discover when and where exactly the first mechanical clown was made. One of the oldest documents about toys for sale, - "A Magazine about Craft Objects and Useful Things" in 1803, by Georg Hieronimus Bestelmeier (a fashion accessory trader in Nuremberg) already had a couple of items

meier war ein kunstvoller Automat, der wie die mechanischen Kunstwerke der berühmten Automatenhersteller Decamps, Lambert, Phalibois, Vichy oder Droz wohl weniger für Kinder als mehr zur Unterhaltung in reichen Adelshäusern gedacht war: „Ein auf das künstlichste verfertigter mechanischer Seiltänzer, ganz auf die Art des Herrn Enslin, welcher in und ausser Deutschland soviel Beifall erhielt. Er sitzt frei auf einem gespannten Seil, und macht alle Bewegungen, die ein menschlicher Seilschwinger zeigt; z. B. er bewegt den Kopf und giebt damit Antworten auf alle ihn vorgelegten Fragen, er hängt sich mit verschiedenen

Das Fahrzeug im Oldtimerstil wurde von Wünnerlein & Co. (Wüco) aus Zirndorf in den fünfziger Jahren hergestellt. Die Fahrtroute in Form von Schlangenlinien und Kreisen wird vom Uhrwerk gesteuert. Mit der Handkurbel läßt sich ein Knattergeräusch erzeugen. Der Clown wurde aus Masse (Mischung aus Holzmehl und Leim) geformt und bemalt.

This vehicle in old-timer style was made by Wünnerlein & Co. (Wüco) from Zirndorf in the fifties. The clockwork determines its serpentine and circular routes. The turning of the crank starts off a loud spluttering. The clown was made out of a mass substance (a mixture of sawdust and glue) and painted.

on offer which had their roots in the world of the circus, - among others: "A tightrope walker or rope artist which has a mechanism", "A little rope artist wearing a silk cape that's made for children. When it's set in motion by winding at the side the figure swings around between two painted supports", "A dancing bear dances around in a circle, using the same sort of mechanism".

A particularly expensive item offered by Bestelmeier was an artistic automaton which, like the mechanical works of art by the famous automaton manufacturers Decamps, Lambert, Phalibois, Vichy or Droz, was intended to entertain in the saloons of noble residences rather than to provide children with pleasure. "A well made mechanical automaton, in the same style as that made by Herr Enslin (much admired in Germany and abroad). He sits on the rope doing exactly the same things that a human rope artist does, for example, he moves his head and answers people's questions, hangs on the rope in various positions, taps his feet in time to the music, and swings backwards and forwards around the rope with his body."

Most of the tin clowns come from Nuremberg and its immediate vicinity, mainly Fürth and Zirndorf. They weren't made solely for the home market, on the contrary, most of them were exported all over the world.

The industrial production of tin toys in Germany began in the first decade of the nineteenth century (Rock & Graner in Biberach, Hess und Issmayer in Nuremberg). When mass production began, roughly from 1870 onwards, there was a significant founding of other toy factories. Nearly all of the manufacturers, apart from large-scale businesses like Bing, were middle-class concerns with a wide variety of numerous innovations. Many of them made clowns, and also mechanical clowns, continually over the

Stellungen an das Seil, giebt mit dem Fuß den Takt zur Musik, schwingt sich vor- und rückwärts mit dem ganzen Körper um das Seil herum."

Aus Nürnberg und der näheren Umgebung, vorwiegend noch Fürth und Zirndorf, stammen auch die meisten blechernen Spielzeugclowns, die nicht nur für den inländischen Bedarf produziert, sondern zum großen Teil auch in alle Welt exportiert wurden.

Der Beginn der industriellen Fertigung von Blechspielzeug in Deutschland fällt in die ersten Jahrzehnte des neunzehnten Jahrhunderts (Rock & Graner in Biberach, Hess und Issmayer in Nürnberg), mit der Massenproduktion ab etwa 1870 kam es dann auch zu bedeutenden Neugründungen von weiteren Spielzeugfabri-

Das gab es im Zirkus wohl nicht: Der Schaukelesel bewegt sich mit dem Untergestell auf der Stelle und der Clown wippt hin und her.
Einfachstes Bewegungsspielzeug dieser Art bereitet Kleinkindern auch heute noch viel Freude.
Hersteller Georg Adam Mangold (Gama), Nürnberg.
Produktionszeit dreißiger und fünfziger Jahre.

This was undoubtedly an unknown act in the circus manage. The rocking donkey on an underframe moves on the spot, and the clown rocks back and fore. Such simple moving toys still give children a lot of fun today.
Maker Georg Adam Mangold (Gama), Nuremberg.
Production era - nineteen thirties and nineteen fifties.

Schuco stellte als kleine Serie sogenannte Rolly-Figuren her:
Einen Affen, einen Bären, einen Hasen und diesen Clown. Durch Verstellen des Stockes kann er vor- und rückwärts fahren oder sich auf der Stelle bewegen. Fünfziger Jahre.

Schuco brought out a series of so-called rolly figures. A monkey, a bear, a hare and this clown. He can move backwards or forwards when the position of the cane is altered, or he can rock while standing on the spot. The fifties.

ken. Fast alle Hersteller, bis auf Groß-unternehmen wie Bing, waren mittelständische Betriebe mit einem breiten Sortiment, das ständig um Neuheiten erweitert wurde. Viele von ihnen führten laufend und über mehrere Jahre auch mechanische Clowns im Angebot, einige produzierten hohe Stückzahlen in großer Vielfalt, andere wiederum boten nur eine geringe Auswahl in kleiner Auflage.

Eine Spezialisierung nur auf Clowns gab es nicht, der Konkurrenzkampf zwang zur ständigen Sortimentserweiterung mit Neuheiten als Folge der rasanten technischen Entwicklung, ab etwa 1900 vorwiegend in Form von Automobilen, Schiffen, Flugapparaten, Motorrädern usw.

ALT UND NEU

Da Zahlenmaterial aus der Zeit vor dem Zweiten Weltkrieg kaum vorliegt und sich aus den heutigen Sammlungsbeständen - die gleichfalls kaum erfaßbar sind - auch keine verläßlichen Rückschlüsse auf den Produktionsausstoß an Blechclowns gezogen werden können, läßt sich kaum mehr feststellen, wer die größte Auswahl und die höchsten Produktionsziffern hatte. Um überhaupt einen Überblick zu gewinnen, können heute nur - sofern noch vorhanden - alte Kataloge und Anzeigen herangezogen werden. Auch Sammlungen und die Angebote auf Börsen lassen natürlich noch Rückschlüsse auf die ehemalige Produktion zu.

So wie den Zirkusfreunden die Namen Busch, Althoff, Krone, Barum und Roland besonders vertraut sind, schätzen Spielzeugsammler als Hersteller ihrer Clowns Staudt, Günthermann und Bing vor allem für handlackierte Spaßmacher, Schuco ist bekannt für filzbekleidete drollige Tanzfiguren mit dem Clowngesicht, und bei herrlich bedruckten Clowns

course of many years. Some made a large number of clowns in a great variety of forms. On the other hand, some toymakers just made a few in limited numbers. There wasn't a specialization in just clowns, the competitive struggle, from roughly 1900 on, forced a continual expansion of innovative wares because of the pace of technical developments, (mainly in the form of cars, ships, planes and motor cycles etc.).

OLD AND NEW

There are hardly any statistics covering the period before the Second World War, information about items in contemporary collections is also mostly guess-work, so no reliable conclusions can be drawn about tin clown production - who had the widest choice, or who had the largest output figures. Today, old catalogues and adverts (whenever they are still available), are the only way of gathering general information. Of course, at least an attempt can be made to draw conclusions about former production from collections and what's on offer at exchanges too.

Just like the names Busch, Althoff, Krone, Barum and Roland are well-known to circus enthusiasts, toy collectors recognize the names Staudt, Günthermann, Bing (especially for hand-painted merry makers) and Schuco (especially for their felt dressed, funny, dancing figures with clowns' faces). The names Issmeier, Blomer & Schüler, Köhler, Distler, Gely, Einfalt, Kellerman etc. are famous for their beautifully printed clowns. And this only mentions some of the large number of producers' names.

Among hand-painted items, the ones by Leonard Staudt are outstanding. A lot of the clowns' tin bodies were dressed in cloth or silk. Because of this the joints between the body and the mobile limbs of

fallen Namen wie Issmeier, Blomer & Schüler, Köhler, Distler, Gely, Einfalt, Kellermann usw., um nur einige aus der Vielzahl der Anbieter zu nennen.

Unter den handlackierten Exemplaren nehmen vor allem die Stücke von Leonhard Staudt eine herausragende Stellung ein, denn viele seiner Clowns trugen über ihrem Blechkörper noch ein Stoff- oder gar Seidengewand. Dadurch wurden nicht nur die Ansätze zwischen dem Rumpf und den beweglichen Gliedern der Figuren überdeckt, auch die Bewegungen wirkten so wesentlich fließender und harmonischer.

Eine genaue Zuordnung handlackierter Clowns zu bestimmten Herstellern ist häufig schwierig, da Firmenzeichen nur selten angebracht wurden, und die zum Spielzeug gehörigen Schachteln mit entsprechenden Markierungen bei den manchmal schon um 100 Jahre alten Stücken heute fast nie mehr vorhanden sind. Gesicherte Erkenntnisse sind nur durch altes Katalog- und Anzeigenmaterial möglich, manchmal auch mit Hilfe von produktionstypischen Merkmalen, einer Art „Handschrift" bestimmter Hersteller.

Der größte Teil an handlackierten Figuren wurde schon vor dem Ersten Weltkrieg hergestellt, danach war dieses Herstellungsverfahren bis zum Ende der zwanziger Jahre stark rückläufig.

Bei bedrucktem Blechspielzeug ist die Zuordnung wesentlich einfacher, da viele Hersteller ihr Firmenzeichen bereits bei der Produktion der Blechtafeln aufdrucken oder einprägen ließen. Kennzeichnungen wie CKO, B&S, GKN, SCHUCO oder JAJ sind den meisten Sammlern heute so vertraut wie IBM, AEG und BMW.

Bei der Datierung hilft der Umstand, daß in Deutschland produziertes und für den Export bestimmtes Spielzeug mit einem Herkunftsnachweis versehen werden mußte. Da die Exportquote sehr hoch

Fritz Voit aus Zirndorf produzierte in den fünfziger Jahren den Handstandartisten auf dem vor- und rückwärtsrollenden Faß.

In the nineteen fifties, Fritz Voit Zirndorf produced this handstand artist who performs on a forward and backward rolling barrel.

57

war, sind entsprechende Angaben auch fast immer zu finden, häufig sogar noch ergänzt durch Hinweise auf einen Gebrauchsmusterschutz oder ein Patent.

Bedruckungen und Prägungen wie „Made in Germany", „Made in Bavaria", „Germany", „D.R.P." und „D.R.G.M.", manchmal auch miteinander kombiniert, weisen auf eine Produktionszeit vor dem Zweiten Weltkrieg hin. Ausnahmen stammen aus der frühen Nachkriegszeit, als nach der Wiederaufnahme der Produktion noch vorhandende Teile verwertet wurden oder für kurze Zeit Vorkriegsspielzeug zunächst unverändert weiter hergestellt wurde.

Die Kennzeichnungen „US-Zone", „Made in US-Zone", „Western Zone Germany" wurden bis etwa Ende der fünfziger Jahre beibehalten, sind aber auch bei einigen Neuauflagen aus den letzten Jahren wieder zu finden.

Ein Teil des Spielzeugs aus den fünfziger Jahren, besonders aber dann aus den sechziger und siebziger Jahren, trägt den

the figure were covered over and so their movements seem to be much smoother and flowing. It's often very difficult to accurately identify the origins of hand-painted clowns because there are seldom company brand marks and their boxes with various information or marks are gone, after all, we are talking about an era covering one hundred years. The only reliable defining sources are old catalogues and advertising material, and sometimes also the typical production characteristics of certain manufacturers which was a kind of 'signature'. Most of the hand-painted figures were made before the First World War, afterwards this production method declined rapidly until the end of the twenties.

The classification of printed tin toys is much easier because many of the makers printed, or stamped, their company brandmark on the tin sheets in the production process.

Most collectors today recognize the letters CKO, B&S, GKN, SCHUCO, or JAJ,

Die Firma Blomer & Schüler aus Nürnberg war führend in der Herstellung von Tieren mit beweglichen Beinen. Pferde, Elefanten und Federvieh waren dabei. Ohne zu bocken bewegt sich das Eselchen gemächlich vorwärts. Fünfziger Jahre.

Blomer & Schüler from Nuremberg led the market in the making of animals with movable limbs. They included horses, elephants and poultry. The little donkey moves along comfortably without baulking. The fifties.

Die Firma Max Carl aus Coburg ist auch heute noch bekannt für mechanisches Spielzeug mit Stoff- oder Plüschbezug. Der Seilchenspringer aus den fünfziger Jahren beherrscht perfekt den Salto rückwärts.

The Max Carl company is still well-known today for their mechanical plush, or soft toys. The skipping rope artist from the fifties can do the backwards somersault with perfection.

Vermerk „Made in Western Germany". Auch das Blechspielzeug der Nachkriegszeit wurde zusätzlich häufig ebenfalls noch mit Gebrauchsmuster- und Patenthinweisen bedruckt.

Eine ganz genaue zeitliche Zuordnung ist mit diesen Angaben jedoch auch nicht möglich, da erfolgreiches Spielzeug oft über mehrere Jahrzehnte unverändert oder nur leicht modifiziert hergestellt wurde. Mit einem etwas geübten Blick lassen sich bedruckte Vor- und Nachkriegsprodukte aber auch anhand der Farben und des Designs gut unterscheiden.

Auch als Billigspielzeug wurden Clowns

etc., and know exactly what they stand for in exactly the same way that they're familiar with the initials IBM, AEG or BMW.

A stamp showing the country of origin, which was required of toys made for export in Germany, helps to establish the date. The export quota was very high and so this can nearly always be found and often also with the mark of a registered design or patent.

Printed or stamped information like "Made in Germany", "Made in Bavaria", "Germany", "D.R.P." and "D.R.G.M" (or sometimes a combination of one with the other) indicates a production period before the Second World War. An exception to this are items made in early postwar production because left over parts from pre-war production were used when things started up again after the War and some immediate post-war toys were even made in pre-war ways and styles for a short time. The signs "Made in US-Zone", "US-Zone", "Western Zone Germany" were used until end of the fifties, but can also be found among some reissues in recent years.

Some of the toys from the fifties, but especially those of the sixties and seventies, have the sign "Made in Western Germany". Tin toys from post-war periods often also have additional registered design or patent marks.

It isn't possible to date something with complete certainty using this information because successful toys were made over several decades and often in unchanging, or only slightly modified forms.

With practise it's easy to recognize the differences between printed pre- and post-war products, and also by comparing colours and designs.

Clowns with the simplest of mechanisms were made as cheap toys until well into the twenties. Outstanding among these are the beautifully printed 'penny' tin-

mit einfachster Mechanik bis in die zwanziger Jahre hinein hergestellt. Herausragend sind die schön bedruckten Groschenspielzeuge aus Blech von J. P. Meier, dessen Figuren sich oft mittels einer einfachen Schiebemechanik bewegen lassen. Die winzigen Musikanten, Ballspieler und Dompteure im Clownskostüm erreichen heute ein ähnliches Preisniveau wie ihre ehemals viel teureren und größeren Kollegen mit einem Federwerk.

SKANDALSPIELZEUG

Bei Kindern beliebt und von Erwachsenen gefürchtet waren auch die billigen Kleinspielzeuge mit „Cri-Cri". Besser als in einem Artikel von 1911 aus der „Gartenlaube" über „Vergessenes Spielzeug" läßt sich deren Funktion nicht beschreiben: „Auch das vor etwa einem Vierteljahrhundert moderne Krikri gehört hierher; dieses Skandalspielzeug hatte eine Metallplatte, die bei gelindestem Druck einen grellen, klirrenden Ton von sich gab; der Ton klang so kreischend, und das ganze Ding war so unscheinbar und winzig, daß Leute und Kinder, die Freude am sinnlosen Lärm hatten, jederzeit es in ihrer Jackentasche losknallen lassen konn-

toys by J.P. Meier whose figures often move by means of a simple sliding mechanism. The tiny musicians, jugglers and animal trainers in clowns' costumes, cost more today than their larger colleagues with spring mechanisms do (originally the opposite was the case).

SCANDAL TOYS

The cheap little "cri-cri" toys were very popular with children but not with adults.
There can't be a better description than in an article from the "Gartenlaube" about 'forgotten toys' dated 1911. "The cri-cri which was a modern toy a quarter of a century ago fits into this category too. The slightest pressure on a metal strip produced a shrill, distorted sound from this scandalous toy. It was so small and unassuming that adults and children could carry it around in their pockets and use it at any time to make a shrill and senseless noise. The cri-cri startled horses and made people mad with rage. It wasn't easy to stop because it was so small and could be hidden away. Let's be glad that this unsuitable kind of children's trick is sensibly censored."

Die Kombination von Clown und Esel ist ein Zirkus-Evergreen. Diese Komposition von Gama aus den fünfziger Jahren wird durch eine Zugfeder angetrieben, die vor Beginn der rasanten Fahrt mit Hilfe des Hebels gespannt werden muß.

The clown and the donkey duo is an evergreen in the circus world. These two by Gama from the fifties are operated by a tension spring which has to be tightened with a lever before the breakneck journey can begin.

Der 21 cm hohe Musikant stammt aus den fünfziger Jahren und könnte von Distler (Nürnberg) produziert worden sein. Wenn aus dem Sockel Musik erklingt, bewegt er den rechten Arm und nickt dazu bedächtig mit dem Kopf.
Der tanzende Hund aus den dreißiger Jahren stammt von Tipp & Co. (Nürnberg).

This 21 cm high musician comes from the fifties and could have been made by Distler (Nuremberg).
When music plays in the base, he moves his right arm and nods reflectively.
The dancing dog from the nineteen thirties was made by Tipp & Co. (Nuremberg).

Sobald das Federwerk die Propeller in Schwung bringt, bildet sich über seinem Kopf ein bunter Schirm. Moschkowitz (Nürnberg). Fünfziger Jahre.

A brightly coloured umbrella opens above his head as soon as the spring sets the propeller in motion. Moschkowitz (Nuremberg). The fifties.

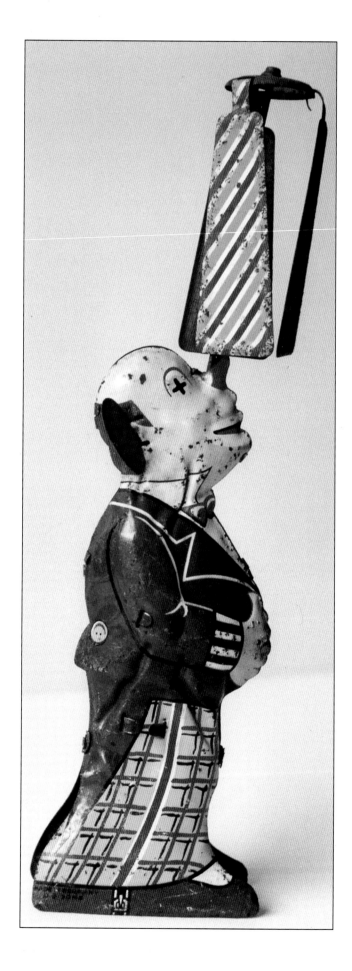

Clowns mit „Cri-Cri" aus den fünfziger Jahren (S. 63). Bei Betätigung der Druckmechanik hinter den Figuren bewegt sich der Spätheimkehrer stark schwankend, der Clown mit dem Hammer schlägt zwar kräftig zu, trifft aber nie. Beide aus deutscher Produktion.

Clowns with "cri-cri" from the nineteen fifties (p. 63). When the mechanism on the back is pressed this late homecomer sways along in an extremely unsteady way. The clown with the hammer pounds away vigorously - but never hits the target. Both of them are of German origin.

Der Clown vom „Comic-Circus" (S. 63) stammt aus Japan, hat ein Federwerk und fährt Figuren. Sechziger Jahre.

The clown from the "Comic Circus" (p. 63) comes from Japan. He has a spring and drives around in figures. The sixties.

ten. Das Krikri machte Pferde scheu und Menschen rasend; seine Unterdrückung war schwierig, weil es eben ganz versteckt getragen werden konnte. Seien wir froh, daß es in Sachen dieser falschen Kinderkunst eine so vernünftige Zensur gibt."

Das „Skandalspielzeug" war also schon um 1885 beliebt und verbreitet und wurde keineswegs vergessen, denn noch in den fünfziger Jahren wurden in Deutschland hübsche Exemplare produziert; in Japan werden sie immer noch hergestellt. Die einfachsten Cri-Cri-Spielzeuge, aufgrund ihres typischen Geräusches im deutschen Sprachgebiet auch als Knakker bekannt, bestanden nur aus einem Stückchen bedruckten oder bemalten Blechs mit einer biegsamen Metallplatte auf der Rückseite, die an das Blech gedrückt wurde und wieder zurückschnellte, wobei das beschriebene Geräusch in ziemlicher Lautstärke ertönte.

In den zwanziger und dreißiger Jahren erlebte das „vergessene Spielzeug" erneut hohe Auflagen, meist in Form hübsch bedruckter Flachfiguren, unter denen natürlich auch etliche Clowns waren.

Da die Figuren meist aus mehreren beweglichen Teilen bestanden, waren mit dem Spielzeug neben dem gefürchteten Geräusch auch einfache mechanische Bewegungen möglich.

This means that the "scandal toy" was already popular and widespread in about 1885, but it wasn't forgotten, because attractive versions were still being made in Germany in the fifties and they are still being made in Japan today. The simplest "cri-cri" toy, also called "knacker" in some parts of Germany because of the typical sound it made, was a piece of printed or painted tin with a bit of flexible metal on the reverse side. When this was pressed against the front piece it sprung back and produced the previously described sound at full volume.

In the twenties and thirties there was a revival of interest in the "forgotten toys" and they were produced in great numbers again. Pretty printed flat figures, among which of course were quite a few clowns. The figures had several mobile parts as well as the dreaded sound and were able to make simple mechanical movements.

Deutsch-japanische Begegnung der Einradartisten. Der japanische Clown fährt gemächlich im Zick-Zack-Kurs mit freundlich nickendem Kopf umher. Sein Partner von der Nürnberger Firma Köhler rast bei vollem Aufzug des Federwerkes buchstäblich im „Affenzahn" davon. Beide stammen aus den fünfziger Jahren.

A German-Japanese unicycle meeting. The Japanese clown bowls along in a comfortable zigzag course nodding his head happily. His partner, from the Köhler company, Nuremberg, races around like a madman when the spring is fully wound. Both are from the nineteen fifties.

SAMMELN, SAMMLER, PREISE

COLLECTING, COLLECTORS, PRICES

Das Thema Zirkus haben Sammler schon seit langem entdeckt. Zu den bevorzugten Objekten gehören Plakate, Requisiten, Programmhefte, Fotos und Autogramme der Manegenstars.

Mit steigendem Interesse an altem Blechspielzeug seit Anfang der achtziger Jahre haben auch mechanische Artisten, Dressurakte und vor allem Clowns nicht nur unter Zirkusfreunden mehr und mehr Liebhaber gefunden, vor allem viele Blechspielzeugsammler sind zu Spezialisten dieses Sammelbereiches geworden.

An fast jedem Wochenende - vor allem im Frühjahr und Herbst - finden in Mitteleuropa Spezialmärkte und Auktionen für altes Spielzeug statt, die vorwiegend von Sammlern besucht werden. Samstage und Sonntage mit mehreren guten Veranstaltungen erfordern nicht nur eine sorgsame Planung der Spielzeugenthusiasten, sie können das Hobby auch zum Streßfaktor machen, wenn man möglichst viele Orte erreichen will oder wieder einmal das Gefühl hat, wie schon so oft zuvor nicht das richtige Ziel angesteuert zu haben.

Titelbild: Katalog 1991, 1./2. Auktion, Auktionshaus Lankes, Hof, 1991.
Katalogtext: „Güntermann Blechrondell, vier musizierende Clowns/ein Dirigent, uralt, handlackiert auf Holzsockel, Antrieb fehlt, altersbedingte Lackschäden, Höhe 50 cm, Durchmesser 35 cm, sehr selten."
Zuschlag 19.000 DM zzgl. Aufgeld und MWSt.

Catalogue 1991, 1./2. Auction, Front Cover. Auktionshaus Lankes, Hof, 1991.
Catalogue description:
"Circular bandstand by Güntermann, four clown musicians/one conductor, extremely old, handpainted with a wooden base, works are missing, agerelated paintwork damage, 50 cm high, 35 cm in diameter, very rare." Limit DM 19.000 plus surcharge and V.A.T.

The theme of the circus has been popular with collectors for a long time now. Posters, requisites, programmes, photos, and star autographs are some of the most popular collecting items. Since the interest in tin toys began to grow, at the beginning of the eighties, mechanical artists, animal performances, and especially clowns have grown in popularity not merely in the eyes of circus enthusiasts but in collecting circles specializing in this area of tin toys. Special exchanges/ markets and auctions for old toys are held in mid-European countries nearly every weekend, particularly in spring and in autumn. For the most part the visitors are

*Katalog 1991, 10./11. Auktion, Seite 71, Nr. 321
und 341, Auktionshaus Lankes, Hof, 1991.
Katalogtexte:
„Blechclown mit Trommel und Hund, Uhrwerk
intakt, handlackiert und lithographiert, kleine
Lackschäden, sonst sehr guter Originalzustand,
selten, Höhe 20 cm.“
Zuschlag 2.200 DM zzgl. Aufgeld und MWSt.
„Seiltanzender Clown, uralt, Blech, Müller &
Kadeder, handlackiert, altersbedingte Lackschäden,
Höhe 18 cm.“
Limit 1.800 DM.*

*Catalogue 1991, 10./11. Auction, Page 71, Nos. 321
and 341, Auktionshaus Lankes, Hof, 1991.
Catalogue description:
"Tin toy clown with a dog and drum, clockwork is
intact, hand-painted and with lithography, a little
paint damage, otherwise in very good original
condition, rare, 20 cm high.
Limit DM 2.200 plus surcharge and V.A.T."
"Clown on a tightrope, very old, tin, Müller & Kadeder, handpainted, agerelated paint damage, 18 cm
high".
Limit DM 1.800.*

WAS? WANN? WO?

Die Termin- und Anzeigenseiten der verschiedenen Sammlerzeitschriften sind voll mit Hinweisen auf Kaufgelegenheiten bei Auktionen, Börsen und Händlern. Einige Auktionshäuser und Marktveranstalter haben sich hochgradig spezialisiert und bieten dann meist ein überdurchschnittlich gutes Angebot. Entweder Puppen, Eisenbahnen oder altes Blechspielzeug stehen hier im Vordergrund; die übrigen Sammelbereiche sind dort nur als Randgebiete vertreten.

usually collectors. On certain Saturdays or Sundays when several good events are taking place at the same time, it doesn't simply require careful planning - it can also be extremely nerve wracking for a collector when a lot of locations have to be reached, or you get that old feeling that you've chosen the wrong destination again.

WHAT? WHEN? WHERE?

The adverts and schedules in the various collecting magazines are full of hints about traders, auctions and exchanges.
Some of the auction houses and market promoters confine themselves to a particular collecting area and they then have an above average choice of items on offer. Dolls, trains, and old tin toys are prominent, the other collecting fields are only peripheral areas at such events.
Other exchanges etc. are a hotchpotch of items which also sometimes include new items and replicas. Tin toy enthusiasts can hardly expect to find unusual quality or rarities here.
Model toy markets are extremely popular and are redistribution centres for secondhand toys, H0 trains and small plastic cars but they rarely contain something interesting for collectors of tin toys. At such events the tin toy fans are easy to recognize, you can pick them out at the exits - they're the ones with frustrated expressions, the ones who have made the journey for nothing.
Anyone who is particularly interested in clowns should ask the auction houses to send them their catalogues, or they should visit one of the better-class toy markets.
At events of this kind in Europe (in London, Paris and Gladbeck-Wittringen) there is always a large choice of good, and interesting items, more than can ever be pictured in this book.

Andere Veranstaltungen bieten ein buntes Sammelsurium bis in den Neuwaren- und Replikabereich; außergewöhnliche Qualität und Raritäten können Blechspielzeugliebhaber hier kaum noch erwarten.

Großen Publikumszuspruch genießen die Modellspielzeugmärkte, die als Umschlagplätze für Secondhand-Spielzeug, H0-Eisenbahnen und kleine Plastikautos den Blechspielzeugsammlern aber nur selten etwas Attraktives zu bieten haben. An den Ausgängen der Veranstaltungsräume dieser Märkte sind an ihren frustrierten Mienen leicht die Blechfans zu erkennen, die wieder einmal vergeblich angereist sind.

Wer sich speziell für Clowns interessiert, sollte sich die Kataloge der Auktionshäuser schicken lassen oder einen der besseren Blechspielzeugmärkte besuchen. Auf den in Europa führenden Veranstaltungen dieser Art in Paris, London und Gladbeck-Wittringen ist immer eine große Auswahl an guten und interessanten Exemplaren zu finden, mehr als in diesem Buch abgebildet werden konnten.

MARKT UND PREIS

Die Auffassung, daß auf den besseren Märkten alles etwas teurer sei - die Händler quasi einen „Top-Zuschlag" erheben - ist ein weit verbreitetes Vorurteil.

Wenn auf einem Durchschnittsmarkt ein Händler einen trommelnden Schuco-Clown anbietet, steht er oft als Monopolist da und kann vielleicht seine hohe Preisvorstellung realisieren. Auf einem Spitzenmarkt muß er sich jedoch wahrscheinlich mit diesem Allerweltsstück gegen ein Dutzend Konkurrenten behaupten.

Außerdem wissen die Händler auf den guten Märkten sehr genau, daß diese Veranstaltungen vorwiegend von einem fachkundigen und kritischen Publikum

THE MARKET AND PRICES

It's a common misapprehension to believe that everything is more expensive at better-class markets, that traders have a "top-surcharge".

When a trader has a Schuco clown drummer for sale at an average sort market he is often a monopolist there. Therefore he can force a higher price. He would probably have to compete with a dozen other people to sell his run-of-the-mill item at a top-class market. Traders at a good market know very well that visitors to such events are mostly knowledgeable and critical collectors who are well-aware of current market prices. A market with above average, good offers is always worth a visit, even veteran collectors find something new. The number of items on offer are very often greater than the contents of many toy museums and because expert traders and collectors from all over Europe and overseas are represented it is not merely an opportunity to acquire a few rarities for the show-case but is also a chance to pick up a lot of informative literature, and to make some new contacts. There's a vast amount of literature now available - numerous reprints of trading and manufacturer's catalogues and richly illustrated auction catalogues. They're entertaining and enlightening reading material and are also important sources of information.

Even collectors who are not so experienced know that the amounts quoted in "Price Guides" and "Catalogues with Market Prices" are only partly credible, that's to say, a short time later they are already out of date. Despite this fact, many traders and collectors enjoy making use of these price guides. Traders can draw attention to how favourable their offer is, or push their offer (because it is 'under the market price'). Naive collectors are satisfied with their acquisi-

besucht werden, dem die aktuellen Preis-
entwicklungen sehr wohl bekannt sind.
Der Besuch eines mit einem überdurchschnittlich guten Angebot bestückten
Marktes ist für engagierte Sammler auch
sonst immer lohnend, selbst die Vetera-
nen der Sammlerszene entdecken bei

tions because they haven't paid more
than the price mentioned in the catalogue, or they've sometimes paid even
less than this. Information giving prices
'from - till, according to condition', are
almost just as useless as information
quoting an exact price for a certain quality.

The collecting scene is not yet a kind of
second-hand car sales market. A top
price paid at an auction does not set a
criterion, neither does a bargain price
made during favourable circumstances
at a flea market.

Observations made at toy markets show
that there can often be a price difference
of 50% and more for the same item of
almost identical quality. An exception to
this are items which are regularly traded
back and fore, collectors are then more
prepared to accept the "set price" which
is usually a well known one in collecting
circles.

Continuous fluctuations in price levels
(which are never very steady anyway) are
effected by different kinds of trends -
newly discovered old stocks put on the
market, or the dissolution of larger
collections.

It's a regular experience to find that a
new acquisition costs less somewhere
else at a later date, although it's just as
likely that it'll be a lot more expensive.
These remarks apply to figural toys in
general and not simply to tin toys in particular.

Often the prices set by traders or auction
houses are nothing more than an orientation aid. Whereas some traders are not
prepared to bargain at all (perhaps because they already had to pay a high
purchase price, or are absolutely sure
about what they can expect to make),
others are prepared to make a deal, willing to accept less because their business
is based on the principle of "it's better
to have a quick turnover than to wait
around for a bigger profit for each item."

solchen Gelegenheiten noch Neuheiten. Da das Angebot dort meist größer ist als der Bestand vieler Spielzeugmuseen und fachkundige Händler und Sammler aus ganz Europa und Übersee vertreten sind, kann man oft nicht nur ein paar Raritäten für die Vitrine, sondern auch eine Menge wertvoller Informationen mitnehmen und neue Kontakte knüpfen.

Die inzwischen recht reichhaltige Literatur und die zahlreichen Katalognachdrucke von Herstellern und Händlern sowie gut bebilderte Auktionskataloge sind als unterhaltsame und lehrreiche Lektüre ebenfalls wichtige Informationsquellen.

Auch wenig erfahrene Sammler wissen, daß die Angaben in „Preisführern" und „Katalogen mit Marktpreisen" in der Regel nur begrenzt der Realität entsprechen, bzw. nach kurzer Zeit schon wieder überholt sind. Trotzdem sind diese Preiskataloge bei vielen Händlern und Sammlern recht beliebt; erstere können damit entweder ihre Preisforderung untermauern oder auf ihre günstigen Angebote unter den angegebenen Marktpreisen verweisen; naive Sammler sind befriedigt, weil sie nicht mehr als den im Katalog vorgefundenen Marktpreis oder weniger gezahlt haben. Angaben von - bis je nach Erhaltungszustand sind meist ebenso wenig hilfreich wie ein genau fixierter Preis für eine bestimmte Qualität.

Die Sammlerszene ähnelt noch nicht dem Gebrauchtwagenmarkt.

Ein einmal auf einer Auktion erzielter Höchstpreis kann ebenfalls so wenig Maßstab sein, wie ein unter günstigen Umständen auf dem Flohmarkt ausgehandelter Preis.

Die Erfahrungen auf Spielzeugmärkten zeigen, daß Preisdifferenzen von 50 % und mehr für gleiche Stücke mit nahezu identischer Qualität eher die Regel als die Ausnahme sind. Davon ausgenommen sind allenfalls Exemplare, die recht

Some auction houses have unrealistic, high limits and this means that a large number of items put up for auction don't find any buyers and are with-drawn. Some are auctioned "down". This makes the price limit an absurdity and gives a buyer the feeling that somehow he's landed at a flower market. Serious auction houses rarely knock down the prices under the set limit and they also publish lists of the prices afterwards so that anyone with a catalogue can work out the surcharges later on.

From time to time the price is "made", that's to say, it's manipulated. In general, auction results are at least an orientation help when you're bargaining for something. Of course it might pay to buy as

Ein schlichtes Spielzeug aus Frankreich. Schirm und Clown drehen sich. Um 1960.

A simple toy from France. The clown and umbrella revolve around. About 1960.

häufig gehandelt werden und bei denen die Sammler auch eher geneigt sind, die dafür in der Sammlerszene weithin bekannten „Fest"-Preise auch zu akzeptieren. Wechselnde Trends, auf den Markt gebrachte Lagerfunde und Auflösungen größerer Sammlungen führen zudem ständig zu Schwankungen des ohnehin labilen Preisgefüges.

Die Erfahrung, ein erworbenes Objekt in gleicher Ausführung wahrscheinlich bald irgendwo preiswerter zu finden, gehört zum Sammleralltag. Es erheblich teurer angeboten zu bekommen, ist aber genau so wahrscheinlich. Die hier gemachten Aussagen treffen nicht nur auf figürliches Spielzeug zu, sondern auf Blechspielzeug allgemein.

Auch die von Händlern und Auktionshäusern geforderten Preise sind oft nicht mehr als bloße Orientierungspunkte. Während manche Händler vom geforderten Preis nicht abweichen, vielleicht weil sie schon einen hohen Einkaufspreis zahlen mußten oder fest von der Realisierbarkeit ihrer Preisvorstellung überzeugt sind, zeigen sich viele zum Handel mit oft erheblichen Nachlässen bereit, weil ihr Geschäftsprinzip mehr auf einem schnellen Kapitalumschlag als auf einer möglichst hohen Gewinnspanne je Artikel basiert.

Einige Auktionshäuser arbeiten mit unrealistisch hohen Limitpreisen, was zur Folge hat, daß ein großer Teil der aufgerufenen Positionen keinen Interessenten findet und zurückgenommen wird, oder daß „nach unten" gesteigert wird. So wird das Preislimit zum Absurdum, und der Bieter fühlt sich wie auf einer Blumenauktion. Seriöse Auktionshäuser erteilen unter ihren Limitpreisen nur selten Zuschläge und veröffentlichen Ergebnislisten, anhand derer sich jeder Katalogerwerber über die Zuschläge informieren kann.

Gelegentlich werden Preise auch „gemacht", d. h. manipuliert. Allgemein gel-

Die Artistengruppe aus den fünfziger Jahren läßt die Bälle kreisen.
Der schwungradbetriebene Seehund zählt zu den letzten Artikeln aus der Blechspielzeugproduktion von Lehmann, seine Nachbarn mit Federwerk stammen aus Japan.

This group of artists from the fifties are throwing the balls around. The flywheel driven sea-lion is one of the last tin toy articles made by Lehmann. His neighbour with a spring mechanism is Japanese.

many items of a certain kind as possible and then put one or two of them on offer with a well-known auction house. Subsequently the price could be forced up to the desired level with the help of a friend and then you'll have proof of the "market price". In a "bout of generosity" you can offer the remaining items at a more reasonable price. In the same way sham purchasing manipulates the prices at toy exchanges too. The coincidental appearance at the seller's stand of a second interested party who is willing to pay a demanded price at precisely the same moment as the first collector is attracted to something on offer - this is unfortunately also only a ruse to push the prices up.

These practices shouldn't put collectors off - most of the traders and auction houses are honest and are interested in long-term, close contacts with their customers. Some price guides also somehow give the impression that the prices quoted are more wishful thinking on the magazine's part than objective information. Even

ten Auktionsergebnisse zumindest als Orientierungsgrundlage bei einer Preisverhandlung. Was liegt also näher, als sich eine möglichst große Menge eines bestimmten Spielzeuges zu verschaffen und anschließend ein oder zwei Exemplare bei bekannten Auktionshäusern einzuliefern? Gemeinsam mit einem eingeweihten Bekannten läßt sich der Zuschlag dann auf das gewünschte Maß hochbieten, und schon hat man einen nachweisbaren „Marktpreis". Großzügig werden dann die anderen Stücke zu erheblich günstigeren Konditionen angeboten.

Ähnlich - durch Scheinkäufe - entstehen manchmal Preise auf Spielzeugbörsen. Auch der „rein zufällig" am Tisch des Verkäufers erscheinende zweite Interessent, der nur allzu gern den geforderten Preis zahlen würde, hat leider manchmal nur die Funktion des Preistreibers.

Allerdings sollten diese Praktiken keinen Sammler schrecken, die meisten Auktionshäuser und Händler sind seriös und an langfristigen und reellen Kontakten zu ihren Kunden interessiert. Auch bei manchen Preisführern kann man sich des Eindrucks nicht erwehren, daß die angegebenen Werte mehr im Sinne einer gewünschten Preisentwicklung denn als möglichst objektive Information in diese Kataloge gelangt sind. Gelegentliche Fehleinschätzungen können allerdings auch Profis unterlaufen, ohne daß sie damit eine Übervorteilung des Kunden zum Ziel haben.

Viele Sammler kaufen auch nicht so preisbewußt, daß sie generell nur den ihnen bekannten Niedrigstpreis zahlen würden. Vielmehr spielen die persönliche Wertschätzung und der Wunsch nach raschem Besitz meistens die entscheidende Rolle.

Wenn Sammler einem schon lang gesuchten Stück oder der „Liebe auf den ersten Blick" begegnen, wird der Preis rasch sekundär.

professional collectors can sometimes make mistakes though, without it being an intentional attempt to take advantage of a customer.

Purchases made by a lot of collectors are not entirely based on payment of the cheapest market price. Most of the time personal desire is much more important and the wish to get the item in question as quickly as possible.

When collectors finally find a coveted object or "fall in love at first sight" then the price is of secondary importance.

THE TRAVELLING CIRCUS

The clowns, made for children, are often on the road again today. Items on sale at auctions and exchanges are very seldom old warehouse stocks or discoveries from an attic somewhere.

Careful observers of market happenings often find that certain items sometimes change hands frequently over varying periods of time. Starting off with one trader, then put up at an auction, or market, and then ending up again in another collection. The collecting scene does indeed have some resemblance to a travelling circus.

The participants, in our case the clowns, don't leave the ring for ever to end up in a showcase. A collector is only faithful to a much coveted and long searched for item until a more attractive piece catches his eye. The interest in a particular collecting area changes, the collection is assessed anew and restructured, or the collection is dissolved. The "love at first sight", like real life, often turns out to be a "passing fancy" later on. The scratches that are discovered after a couple of days (when a closer examination is made), a spot where it has been repainted (seen with the help of a magnifying glass), doubts about its original condition or the current state of a bank account can all be

Gruppe mit Bus.
Group of clowns with bus.

WANDERZIRKUS

Die einst für Kinderhände hergestellten Clowns sind heute wieder oft auf Tournee. Die angebotenen Exemplare bei Händlern, auf Auktionen und Börsen stammen nämlich nur noch in wenigen Fällen aus alten Lagerbeständen oder Dachbodenfunden bei Haushaltsauflösungen.

Aufmerksame Beobachter des Marktgeschehens können häufig feststellen, daß bestimmte Stücke einfach nur häufig den Besitzer wechseln und in mehr oder weniger großen Zeitabständen mal bei einem Händler, dann auf einer Auktion oder einem Markt und schließlich wieder in einer Sammlung auftauchen. Die Sammlerszene hat durchaus Ähnlichkeit mit einem Wanderzirkus; die Akteure, in unserem Fall die Clowns, verschwinden nicht grundsätzlich auf Dauer in einer Vitrine; die Treue der Sammler zu den oft lang gesuchten Objekten ist nach dem ersehnten Erwerb dann manchmal nur von kurzer Dauer, weil ein schöneres Objekt reizt, das Sammelgebiet gewechselt oder die Sammlung entrümpelt oder ganz aufgelöst wird. Die auf mancher Börse oder Auktion erweckte Liebe auf den ersten Blick ist wie im richtigen Leben häufig nur ein Strohfeuer. Ein nach ein paar Tagen bei genauer Betrachtung daheim entdeckter Kratzer, eine erst mit der Lupe bemerkte nachlackierte Stelle, Zweifel am originalgetreuen Zustand oder ein Kontoauszug können zur augenblicklichen Scheidung führen.

Das Publikum auf den Verkaufsveranstaltungen für Blechspielzeug wechselt wie im Wanderzirkus zwar von Stadt zu Stadt, Stammgäste jedoch sind hier wie dort fast immer und überall dabei. Sie entdecken den unverwechselbaren Blechartisten mit dem Kratzer auf der roten Knollennase und der Beule am Hut bei Sotheby's in London, einige Monate später auf einem Tisch in Gladbeck-Witt-

Damit konnte sicherlich selbst Schule oder Büroarbeit Spaß machen: Der 10 cm hohe Clown verbirgt nämlich in seinem Bauch eine Anspitzermechanik, die mit der Handkurbel auf dem Rücken zu bedienen war. Schrauben für die Tischmontage wurden gleich mitgeliefert. Deutsch. Fünfziger Jahre.

Even school- or office work could be fun with this. In the belly of the 10 cm high clown there is a hidden pencil sharpener which was operated by turning the handle in the back. The screws for fixing it to the desk were included. German. The fifties.

reasons that lead to a quick separation. Audiences at tin toy sales vary from town to town, but there are also regulars who turn up wherever it stops. You see the unmistakable tin artist with a scratch on his red nose and the dent in his hat at Sotheby's in London. A couple of months later

ringen oder Paris, dann vielleicht in der Vitrine eines befreundeten Sammlers oder bei einem Händler im Regal. Auf diese Weise ähneln die kleinen bunten Blechgestalten ihren großen Vorbildern aus der Manege heute mehr denn je.

Auch die Marktveranstalter verhalten sich wie kleine Zirkusunternehmer: Manche bieten Spielzeugmärkte an nur einem Standort zu regelmäßigen Terminen in größeren Zeitabständen an, andere gastieren an jedem Wochenende in einer anderen Stadt. Vor allem in größeren Städten kommt es dadurch manchmal zu inflationären Häufungen vieler Spielzeugbörsen in kurzer Zeit oder sogar am gleichen Tag; verständlich, daß in solchen Fällen das Publikumsinteresse nachläßt. Drei oder mehr Zirkusvorstellungen am gleichen Tag und Ort würde auch kaum jemand besuchen.

LIMOUSINE MIT STERN ODER BLECHKUTSCHE MIT CLOWN?

Wer heute noch den Ehrgeiz hat, eine repräsentative und bedeutende Blechspielzeugsammlung mit Karussells und Russischen Schaukeln von Märklin, großen Schiffen von Bing, blechernen Landschaften von Rock & Graner oder Staudt, Automobilen von Carette, handlackierten Figuren von Günthermann und Lehmann, Pennytoys von Meier, Kutschen von Lutz usw. aufzubauen, muß neben viel Zeit vor allem über genügend finanzielle Mittel verfügen: Ein sechsstelliger DM-Betrag reicht für ein derartiges Vorhaben nicht mehr aus.

Da die Mehrheit der Sammler auch nicht annähernd über einen derartigen Etat für Spielzeugkäufe verfügt, ist eine Beschränkung erforderlich, z. B. auf eine bestimmte Zeit, eine spezielle Firma oder Motive, wie etwa Clowns. Da dieses Sammelgebiet sehr beliebt ist, und nicht nur bei den in der Blechspielzeugszene domi-

he's on a stall in Gladbeck-Wittringen, or in Paris. Perhaps later in a collector friend's showcase or on the shelves of a trader. Nowadays this makes the little coloured tin creatures more similar to their predecessors in the manage than ever before.

The promoters are also like small circus entrepreneurs. Some only organize toy markets at regular intervals at one and the same location, others are in a different town every weekend. This means, especially in the bigger cities, that there is sometimes an inflationary pile up of a lot of toy exchanges in a short time, or even on the same day. Understandably the interest of the public wanes. No one would visit two or three circus performances on the same day either.

LIMOUSINE WITH A STAR; OR A TIN COACH WITH A CLOWN?

Anyone who is determined to create a substantial and significant tin toy collection with roundabouts and Russian swings by Märklin, large ships by Bing, tin countrysides by Rock & Graner or Staudt, automobiles by Carette, handpainted figures by Günthermann and Lehmann, penny-toys by Meier, coaches by Lütz, and so on, must have, in addition to a lot of time, enough financial resources. A six-figure amount wouldn't cover the expense involved.

Most collectors can't afford to spend amounts like that on tin toys, and it's then necessary to restrict oneself, i.e. to a certain era, a particular company or motive (like clowns for example). Their prices are slightly higher than other figural tin toys because they are a very popular collecting area, and not merely for people from the male dominated tin toy collecting scene.

Anyone who is prepared to forgo old, hand-painted objects and is prepared to

nierenden Männern, liegen aufgrund des großen Interesses und der entsprechend hohen Nachfrage die Preise etwas höher als bei dem übrigen figürlichen Blechspielzeug.

Wer bereit ist, auf alte handlackierte Objekte zu verzichten und sich neben lithographierte Exemplare der dreißiger und fünfziger Jahre aus deutscher Produktion auch ein paar Japaner in die Vitrine zu stellen, kann für etwa 10.000 DM schon etliche bunte Spaßmacher aus Blech für eine abendfüllende Vorstellung im Freundes- und Bekanntenkreis zusammenstellen und sich den Traum vom Zirkusdirektor erfüllen. Für Raritäten allerdings werden Liebhaberpreise gezahlt, die das Budget der meisten Sammler weit übersteigen.

Wie bei Automobilen, Schiffen, Karussells und Eisenbahnen führen Märklin-Produkte die Preislisten an. Im riesigen Sortiment des Göppinger Herstellers bildeten Figuren und Clowns, die heute nur noch äußerst selten angeboten werden, einen verschwindend geringen Anteil. Für den Kunstfahrer „Fidelitas" etwa, einen Clown im dreirädrigen Automobil, ist sicherlich mehr als für einen Mittelklassewagen zu zahlen, erst recht wenn es gelingen sollte, einen kompletten Wagenkorso mit dem motorisierten Zugwagen und drei Anhängern, mit jeweils einem Clown als Insassen und einer Gesamtlänge von einem Meter, zu erwerben. Eine Kombination mit einem Zugfahrzeug und zwei Anhängern wurde 1991 bei Sotheby's in schlechtem Zustand (Vorderrad des Zugwagens, Köpfe zweier Clowns und Kleinteile fehlten; Lackschäden und Roststellen) für 14.300 Pfund versteigert.

Auch Lehmanns seltene Komposition „LO & LI", ein Clown mit einem Schifferklavier und ein Tänzer auf einem Sockel, liegt preislich über dem Wert manch umfangreicher Sammlungen; in sehr guter Erhaltung bei etwa 30.000 DM.

combine German lithographic items from the thirties and fifties with a couple of Japanese items can own a lot of attractive, coloured tin merrymakers for about DM 10,000. They can realize the dream of being a circus director and provide an evening's entertainment for a circle of friends and acquaintances.

Of course fancy prices are paid for rare items, prices far above most collectors resources.

Märklin products top the price list for automobiles, ships, roundabouts and trains. Clowns and figures, that rarely come up on offer nowadays, were a infinitesimal part of the huge assortment of items made by the Göppinger manufacturer. The clown "Fidelitas", a trick rider in a three wheeled car, costs more today than a brand new middle class car. If someone manages to get a complete string of cars made up of a one meter long motorized automobile tractor and three trailers, each containing a clown as a passenger it will cost even more. A combination of a tractor and two trailers which were in a bad condition (the front wheel of the tractor, the heads of two of the clowns, and other various small parts were missing; there were also paint damage and spots of rust) was sold at Sotheby's in 1991 for £ 14,300.

Lehmann's rare composition "LO & LI", a clown with a concertina and a dancer on a base, is worth more than many large collections - roughly DM 30,000.

It is difficult to say why sensible grown up people - mostly men - spend so much money on old tin toys instead of spending the money on house furnishings, a badly needed new car, or on a holiday.

Perhaps the answer can be found in the childlike pleasure of those collectors who don't only lock away their treasures as investments in showcases but who find that there's nothing more relaxing after a hard day's work than to look at the contents of their showcases sometimes or to

Es ist sicher schwer zu ergründen, weshalb erwachsene und vernünftige Menschen - vorwiegend Männer - statt für eine Wohnungseinrichtung, ein dringend notwendiges neues Auto oder eine Reise viel Geld für altes Blechspielzeug ausgeben.

Vielleicht findet sich eine Antwort in der kindlichen Freude jener Sammler, die ihre Schätze nicht nur als Geldanlage in Vitrinen horten, sondern nach einem anstrengenden Arbeitstag nichts entspannender finden, als gelegentlich den Inhalt ihrer Vitrinen in Ruhe zu betrachten und mit ihren musizierenden und turnenden Clowns, Schweinereitern und Artisten auch zu spielen.

Die Nostalgiewelle und die steigende Nachfrage nach altem Blechspielzeug führten Ende der achtziger Jahre zu einem steigenden Angebot an Neuauflagen ehemaliger Blechbestseller (z.B. Schuco) oder Entwürfen in historischem Stil (z.B. Märklin).

Bisher beschränkt sich das Angebot dieser unter Sammlern äußerst umstrittenen Objekte noch vorwiegend auf Automobile, dem neben Puppen, Stofftieren und Eisenbahnen größten Segment für Sammlerspielzeug. Bei einigen als preiswerte Alternative zu alten Originalen beliebt, dienen sie anderen als billige Ersatzteilspender oder werden einfach ignoriert.

Mechanische Clowns sind bisher noch nicht als Replika-Ausführungen entstanden, und sehr groß ist die Wahrscheinlichkeit von Neuauflagen auch nicht: Die meisten der ehemaligen Hersteller figürlicher Spielzeuge und die notwendigen Werkzeuge existieren nicht mehr, und die Investitionen für Neuauflagen nach alten Vorbildern dürften angesichts der im Vergleich zu Autos relativ geringen Nachfrage kaum rentabel sein.

play with the musical and gymnast clowns, pig jockeys and artists.

The increased interest in all aspects of nostalgia and a mounting demand for old tin toys at the end of the eighties led to reissues of former tin bestseller (like for example from Schuco), or designs in historical style (like for example from Märklin). Until now these objects (a controversial theme among collectors) are restricted to the area of automobiles, which next to dolls, plush animals and trains is the most popular toy collecting area. Some find them a reasonable alternative to the old originals, for others they are cheap sources of spare parts, others just choose to ignore them.

Mechanical clowns have not yet been reissued as replicas and there is no great chance that they will be either. Most of the former manufacturers of figural toys and the tools necessary for their making no longer exist. The investment necessary to make reissues according to old originals would scarcely be worthwhile because, compared to the area of cars, the demand is relatively small.

ANHANG

BAUANLEITUNG FÜR EINEN MECHANISCHEN HANSWURST

Die folgende Geschichte, die eine präzise Bauanleitung für einen turnenden Clown oder eine beliebige andere Figur enthält, stammt von Fedor Flinzer und wurde um 1870 erstmalig unter dem Titel „Der kleine Akrobat" in einer Zeitschrift veröffentlicht. Die zeitgenössische Schreibweise wurde beibehalten.

„Heute Abend kommst du doch zu mir?", fragte Karl, als er sich auf dem Schulwege von Fritz verabschiedete, „ich habe dir etwas ganz besonderes zu zeigen." „Soll geschehen!" rief Fritz bereits aus ziemlicher Entfernung zurück und war im nächsten Augenblick im Hause verschwunden.
Er hielt Wort. Mit dem Schlage sechs Uhr, der gewöhnlichen Besuchstunde der beiden Freunde, trat er bei Karl ein. „Nun," rief er schon unter der Thür, „zeig mal her, was du hast."
„Sachte, sachte, nur nicht überstürzen," erwiderte Karl, hatte aber trotzdem bereits die ersten Schritte gethan, um einen hölzernen Kasten vom Pulte herab zu holen. Vorsichtig stellte er denselben auf den Tisch und förderte ein Kunstwerk eigener Art daraus zu Tage. Es war eine Scene aus einer Seiltänzerbude, welche sich vor Fritzens forschendem Auge entfaltete. Ein Kasten von ungefähr 40 cm Höhe, 30 cm Breite und 10 cm Tiefe stand auf einem Bretchen von ca. 35 cm im Quadrat. Das offne Innere des Kastens war mit Papier überzogen, auf welches die Decoration eines Circus gemalt war. Man sah die aufgerichteten Stangen, zwischen denen die Zeltleinwand

APPENDIX

HOW TO MAKE A MECHANICAL MERRYMAKER

The following story, which contains precise instructions on how to make a clown on a trapeze, or similar kind of figure, was written by Fedor Flinzer and published in a magazine for the first time in 1870 under the title "The little acrobat".

"You're coming this evening, aren't you?", asked Karl as he was saying farewell to Fritz on his way home from school, "I've something very special to show you."
"O.K., I'll see you later then!", shouted Fritz, already left standing and a moment later lost to Karl's sight.
He kept his word. At the stroke of six o'clock, the usual time the two friends met, he turned up at Karl's house.
"So", he said, still edging his way into the room, "what's this you've got?"
"Hang on a minute, not so fast", answered Karl, who regardless of everything, was already taking a wooden box out of a desk.
He carefully placed this on the table and took out something special, a little work of art. Fritz scrutinized a scene showing a tightrope walker. A box measuring roughly 40 cm high, 30 cm wide and 10 cm deep stood on a piece of wood about 35 cm square. The inside of the box was open and covered in paper with circus motives. Upright poles supported a tent. Crossed flags, festoons of garlands etc. decorated the tent walls. A kind of scaffolding made of lightweight strips of wood from cigar boxes provided a supporting framework. From the centre of the cross beam at the top hung a hori-

hing. Gekreuzte Fahnen, Girlanden u.s.w. waren als Schmuck an der Zeltwand angebracht. Eine Art von Gerüste, aus leichten Lättchen von Zigarrenkistenholz geschnitten, war gewissermaßen der Rahmen zu diesem einfachen Bilde. Von der Mitte der oben querüber laufenden Balken herab hing scheinbar an zwei rothen seidenen Schnuren ein wagerecht liegender Stab, der aber näher besehen die Hinterwand durchbohrte. Der „Künstler" auf diesem „schwebenden Trapez" war schon sichtbar. Er saß graziös oben auf der Querstange, an welcher er nur mit den Händen befestigt war. Unten aber, vor der hier beschriebenen Scene, saß und stand das harrende Publicum. Karl hatte sich die Figuren, welche ihm als Zuschauer dienten, aus illustrirten Zeitschriften und Bilderbogen zusammengelesen, bunt bemalt, auf dünne Pappe geklebt, ausgeschnitten, vor dem Kasten in malerischen Gruppen aufgestellt und auf dem Bretchen befestigt.

„Der scheint sich bewegen zu sollen?" fragte Fritz und deutete auf den beharrlich still sitzenden Gaukler. „Ich vermuthe dies wenigstens, weil ich Gelenke an den Schultern und Hüften sehe." „Abwarten!" sagte Karl mit Würde, indem er einen Holzstift oben aus der Decke des Kastens zog.

Da begann die Vorstellung. Der bis dahin in stoischer Ruhe dasitzende Trapezkünstler wurde plötzlich lebendig, machte eine Verbeugung nach vorn und schwang sich im Nu rückwärts um die Welle, um sofort wieder festzusitzen. Aber fast in demselben Augenblicke machte er wieder eine Schwenkung nach rückwärts und zwar in der Weise, daß bei der Umdrehung der ganze Körper ein paarmal um die Welle flog, ohne dieselbe zu berühren. „Die Riesenwelle, die Riesenwelle!" jubelte Fritz, der ein eifriger Turner war. „Sieh, jetzt macht er auch die Kniewelle!" und so ging es fort in im

zontal bar on two thin silk ropes. At closer examination it could be seen that this went through the wall at the back. The "artist" on this "flying trapeze" was already sitting gracefully on the trapeze, holding on with his hands. Underneath, and in front of this scene stood and sat an expectant audience. Karl had cut out the figures (his audience), from magazines and pictorial broadsheets. He'd coloured them, stuck them on to thin cardboard and arranged them in front of the scene in attractive groups on the square piece of wood.

"I think he can move", said Fritz pointing to the patiently waiting artist, "because I can see joints on the shoulders and hips".

"Be patient!", said Karl with dignity, and proceeded to pull a wooden stick out of the lid of the box.

The performance then began. The trapeze artist, who had been stoically quiet till then, suddenly came to life. He bowed forwards and swiftly swung backwards around the bar and returned to his previous sitting position again. Then he once more swung around backwards so that the whole body somersaulted around the bar several times without touching it.

"The giant circle! The giant circle!" Fritz, an enthusiastic gymnast, was absolutely delighted.

"Look, now he's doing the knee circle!" The performance continued and the interest and excitement grew. The little figure seemed to have a non-stop, never ending repertoire. One minute he was flying at high speed forwards around the bar holding on with his hands and feet, the next he seemed to stand on the bar without leaving go for a second and risk a backwards somersault that was so fast that it was hard to believe that this dangerous manoeuvre wouldn't end in tragedy. A moment later he was sitting on top again, and ready to begin his dare-devil

mer größerer Spannung und Aufregung. Der kleine Automat war, wie es schien, unerschöpflich in seinen Stellungen und gönnte sich keine Ruhe. Bald flog er vorwärts im schnellsten Tempo um die Stange und hing dabei mit Händen und Füßen an derselben, bald stand er auf ihr, jedoch ohne sie nur einmal loszulassen; er überstürzte sich rückwärts so kühn in die Luft hinaus, daß kaum zu begreifen war, wie dieses gefährliche Manöver ohne Unglück ablaufen konnte, und im nächsten Moment saß er wieder oben, um seine halsbrecherischen Künste vor- und rückwärts von neuem zu beginnen. Endlich schloß die Production.

Das Zeitungs- und Bilderbogenpublicum blieb unverantwortlich kalt. Um so eifriger klatsche der Kenner Fritz und die mittlerweile eingetretenen Mädchen Gretchen und Lieschen. „Bravo! bravo bravissimo!" schrie der enthusiasmirte Fritz, „Karl, du bist wirklich und wahrhaftig ein Tausendkünstler! Aber nicht wahr," fuhr er im eifrigen Tone fort, „nun, nachdem ich dir das nöthige und wohlverdiente Lob für deine Geschicklichkeit dargebracht habe, nun zeigst du mir auch, wie das Ding inwendig aussieht, damit ich mir auch ein solches Kunstwerk machen kann. So ein Ding muß ich auch haben, aber ich mache mir einen recht komischen, possirlichen Hanswurst oben auf die Stange, das muß noch viel hübscher aussehen."

Karl nahm diese, die Schönheit seines Künstlers kränkende Rede nicht übel, sondern drehte ohne Weiteres den Kasten mit der Rückseite zum Lichte, öffnete an derselben eine kleine Thür und zeigte und erklärte dem scharf aufpassenden Freunde das ganze innere Getriebe. Was Fritzen zuerst und am meisten auffiel, das war die außerordentliche Einfachheit des Mechanismus. „Ach," rief er aus, „ich glaubte, da wäre eine Menge von Rädern und Vorrichtungen nöthig, um

feats backwards and forwards once more. Finally the performance was at an end. The newspaper and magazine picture audience remained surprisingly unmoved. Fritz, the expert, clapped all the more as did the two little girls Grethchen and Lieschen, who had also joined the party by now. "Bravo, bravo bravissimo!" cried the delighted Fritz. "Karl, you really are a magician! But now that you've got your well-earned applause", he continued in an ardent tone, "now you must show me how the whole thing works, so that I can make myself one too. I want to have one exactly like this but with a funny, comical clown on the horizontal bar, I think that would look even more effective!"

Karl wasn't at all put off by his friend's rather unfeeling remark. He turned the box around so that its back was now

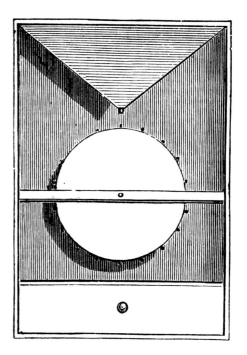

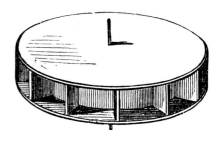

die vielen Stellungen und Bewegungen der Figur hervorzubringen. Hier ist aber nur ein einziges Rad und das dreht sich, wenn oben aus dem Trichter Sand darauf fällt; das ist die ganze Zauberei. Aber, sage mir nur, wenn keine weitere Vorrichtung angebracht ist, dann müßte sich nach meiner Meinung doch das Rad stets nach einer Seite drehen; wie wechselt es denn die Bewegung so oft und mannigfaltig?"

„Jetzt passe auf," sagte Karl und legte den Finger wichtig an die Nase, „ich will dir auch das erklären. Ist dir's nicht aufgefallen, daß mein Künstler immer oben auf der Stange sitzt, wenn das Werk still steht?" Fritz nickte. „Nun sieh," fuhr Karl fort, „da hast du das ganze Geheimniß, denn um das möglich zu machen, muß doch ein Gegengewicht im Rade angebracht sein, welches so schwer ist, daß es das Männchen immer oben auf dem Sitze erhält." „Aber," unterbrach ihn Fritz, „das Vor- und Rückwärtsdrehen der Figur kann ich mir deshalb immer noch nicht erklären." - „Nun, so laß mich doch erst ausreden!" rief Karl ärgerlich, und fuhr gleich darauf gemäßigter fort: „Sieh, die untere Oeffnung des Trichters, aus welchem der Sand fließt, steht möglichst genau senkrecht über der Achse des Rades. Nun habe ich mir zwar große Arbeit und viel Mühe damit verursacht, da ich die Maschinerie recht genau herstellen wollte, aber es kamen doch im Rade und im Trichter kleine Unregelmäßigkeiten vor, die ich nicht vermeiden konnte. Ebensolche finden sich im Sande, trotzdem, daß ich ihn im Ofen ausgetrocknet und hinterher gesiebt habe. Das zeigt sich am klarsten, wenn er oben aus dem Trichter auf das Rad fällt, denn da fließt er sehr ungleichmäßig aus, je nachdem vielleicht gröbere Sandkörnchen oben den Weg theilweise absperren oder schneller herunter fallen. Auf diese Weise füllt sich die oberste Abtheilung des Rades (siehe die Abbildung), je nach dem

facing the light. It had a small door which Karl opened. He than explained the workings to Fritz who was watching carefully. Fritz immediately saw that the mechanism was extremely simple.

"Oh, and I thought you'd need lots of wheels and things to enable the figure to accomplish so many movements but there's only one wheel which turns when sand pours on to it from a funnel above - and that's the whole trick? If there isn't any other mechanical aid, then explain how there are so many and varying movements, after all, from what I can see, the wheel should actually only turn in one direction!"

"Listen carefully", said Karl rubbing the side of his nose with his finger in an meaningful way. "I'll explain everything. Have you noticed that the artist always finishes up on the bar when he stops?" Fritz nodded.

"Well", Karl continued, "there you have it, - there's a counterbalance in the wheel which is so heavy that the little man always ends up resting on the trapeze".

Zufall, schneller oder langsamer, mehr nach hinten oder nach vorn zu, wodurch dann das Rad bald einmal nach rechts, bald einmal nach links das Uebergewicht erhält. Der fortlaufende Sand vermittelt die weitere Bewegung. Hier und da steht das Rad auch einmal ein wenig still, was seinen Grund wieder in den erwähnten Ursachen hat. Das oberste Fach füllt sich dann wieder allmählich, wird wieder zu schwer, schüttet langsamer oder schneller aus, und aus allen diesen Unregelmäßigkeiten erklärt sich die Mannichfaltigkeit der Bewegungen meines Trapezkünstlers. So erklärte es auch Papa, den ich manchmal um Rath fragte, wenn mir etwas nicht recht glücken wollte. Den Trichter hier oben habe ich von Pappe gemacht und inwendig vorsichtig mit ganz glattem Papier ausgeklebt, damit der Sand gut läuft. Dieser ist, wie schon gesagt, auf dem Ofen gut ausgetrocknet, weil er in feuchtem Zustande leicht zusammenklebt und so den Ausgang verstopft, den ich, um größere Glätte bei der Außflußöffnung zu erzielen, aus einem Stückchen Glasrohr hergestellt habe. Das Rad ist aus dünnem Zigarrenkistenholz angefertigt und seine Achse eine an den Haftpunkten etwas breitgehämmerte starke Stricknadel. Das Gegengewicht, das du hier siehst, ist ein bleierner Knopf. Dieser war anfangs etwas zu leicht, da habe ich auf denselben so lange Siegellack getropft, bis er das rechte Gewicht bekam. Unten sammelt sich der Sand in einem Kästchen an, welches ich herausziehen kann, um aus demselben oben wieder frisch ausschütten zu können. Damit aber kein Sand aus dem Trichter fällt, ehe ich das Kästchen wieder untergeschoben habe, stecke ich dieses Stäbchen als Verschluß oben hinein. Sobald ich es herausziehe, beginnt die Bewegung. Nun gehe hin und mache es auch so." - Und Fritz ging hin und machte es auch wirklich fast ebenso. Nur die Figur war eine andere - das

Fritz cut in and said, "But that doesn't explain the figure's backward and forward movements."
"Let me finish what I was about to say!", declared Karl, growing a little annoyed, and then continuing calmly. "Look at the funnel's opening for the sand, as far as it is possible it's placed directly over the wheel's axle. I went to a lot of trouble and bother to make the machinery as accurately as I could, but there are naturally irregularities in the wheel and the funnel that are unavoidable. This also applies to the sand, despite the fact that I dried it out in the oven and sieved it through thoroughly afterwards. When it pours from the funnel onto the wheel you'll see very clearly that it flows very spasmodically, depending on whether fine or course grains block off or accelerate the flow from above. In this way, depending purely on chance, the upper cavity of the wheel (see diagram) fills up quickly or slowly, tilting backward or forwards, overbalancing the wheel to the right or to the left. The continuous flow of sand determines the other movements. Now and then the wheel is stationary, also due to the reasons I mentioned before. The top section fills up again, grows too heavy and pours quickly or slowly. These irregularities are responsible for the numerous movements of my trapeze artist. Anyway, that's how my father explained it to me, - I sometimes ask him for his advice when something doesn't work. I've made the funnel out of cardboard which I carefully lined on the inside with smooth paper so that the sand can run freely. As I said, I dried the sand off in the oven because if it's damp it will stick together and block the opening which is made of a piece of glass tubing. The wheel is made of thin wood from a cigar box and the axle is a knitting needle which has been hammered flat at the points of adhesion. The counterbalance is, as you see, a lead button. In the be-

ließ er sich nicht nehmen -: sie stellte einen drolligen Hanswurst vor, mit dem er bei seinen Vorstellungen eine fast noch größere Wirkung hervorbrachte.

Besonders freundlich verabschiedet er das verehrte Publikum: Er dreht sich auf der Stelle im Kreise, grüßt freundlich mit dem Hut und nickt dabei noch mit dem Kopf. Hersteller Nürnberger Blechspielwarenfabrik (NBN). Fünfziger Jahre.

He takes leave of his audience in a very good natured way. He turns around on the spot, waves his hat and nods his head. Made by the Nürnberger Blechspielwarenfabrik (NBN) in the fifties.

ginning it was not heavy enough so I melted drops of sealing wax onto it until it had the right weight. The sand accumulates in a drawer underneath, this can be removed to refill the sand in at the top again. To prevent any sand falling out of the funnel before I've put the drawer back, I push this little piece of wood in as a kind of plug. As soon as I unplug it, the action begins. Now you can go home and make the same thing yourself!"

Fritz went, and made one almost identical to Karl's, but the figure was different. He couldn't resist making a droll merrymaker. It's appearance heightened the performances and seemed to make them even more fascinating than Karl's figure did.

HINWEISE FÜR SAMMLER

Einige europäische und amerikanische Auktionshäuser führen mehrmals jährlich Spielzeugauktionen durch, auf denen in der Regel auch figürliche Spielzeuge einschließlich Clowns angeboten werden. Die zu den Auktionen herausgegebenen Kataloge enthalten neben den Abbildungen und Limitpreisen auch mehr oder weniger zuverlässige Objektbeschreibungen. Katalogbezieher erhalten nach der Auktion Ergebnislisten mit den Zuschlagpreisen.

Einige der im Buch abgebildeten Spielzeugclowns wurden in den letzten Jahren in gutem oder sehr gutem Zustand (Ausnahmen sind angegeben) auf Auktionen versteigert. Auf die Zuschlagspreise war noch ein Aufgeld von 15-20% und in Deutschland außerdem noch die MWSt. auf dasAufgeld zu entrichten. Mehrfachnennungen vergleichbarer Objekte verdeutlichen die z. T. erheblichen Preisschwankungen. Alle Angaben sind ohne Gewähr.

OV - mit Originalverpackung

HINTS FOR COLLECTORS

Some European and American auction houses have toy auctions several times a year, among the items on offer there are usually figural toys - including clowns. The auction catalogues contain photos, limit prices and more or less reliable object descriptions. Catalogue buyers also get a list of results and the bids made.

Some of the clowns pictured in the book have come up for auction in recent years, usually in good or very good condition (any exception has been mentioned). In addition to the knock down pricke there was a 15-20% premium, and an additional V.A.T. charge on the premium in Germany as well. Numerous examples of comparable items show that there are sometimes wide variations in price levels. No responsibility will be accepted for the accuracy of this information.

OV = Original packaging.

Artikel / Article	Auktionshaus / Auction House	Zuschlag / Knockdown price	Jahr / Year	Seite / Page
Schuco Rolly-Clown	Lankes, Hof	650,–	1991	55
desgl.	Seidel/Sauerbrey Ladenburg	700,–	1993	55
Schuco Solisto mit Trommel	Seidel/Sauerbrey Ladenburg	270,–	1991	6
desgl. mit OV	Lankes, Hof	450,–	1992	6
desgl. mit OV	Lankes, Hof	580,–	1992	6
desgl. mit OV	Hanseatisches Auktionshaus Hamburg	240,–	1990	6

Clown mit Gitarre	Seidel/Sauerbrey Ladenburg	900,–	1991	61
desgl. mit OV	Lankes, Hof	750,–	1993	61
Lehmann Störrischer Esel	Lankes, Hof	650,–	1991	42
desgl. mit OV	Hanseatisches Auktionshaus Hamburg	1200,–	1990	42
desgl.	Theriault's, USA	1050,– $	1993	42
desgl. leicht korrodiert	Henry's Mutterstadt	500,–	1993	42
Schuco Solisto mit Geige	Hanseatisches Auktionshaus Hamburg	250,–	1990	17
desgl.	Lankes, Hof	251,–	1993	17
Schuco Solisto mit Pauke	Lankes, Hof	600,–	1992	17
desgl.	Lankes, Hof	350,–	1993	17
Biller „Bimbo"	Lankes, Hof	360,–	1992	18
Schuco Jongleur mit OV	Lankes, Hof	700,–	1992	21
Arnold „Jimmy" große Ausf.	Lösch, Worms	240,–	1993	15
Arnold „Jimmy" große Ausf. eine Hand fehlt	Lankes, Hof	200,–	1992	15
Lehmann Schweinereiter	Lankes, Hof	1875,–	1992	34
desgl.	Theriault's, USA	700,– $	1993	34
Blomer & Schüler Clown mit Hund Schirm fehlt	Lankes, Hof	280,–	1992	50
Gama, Kutsche mit Esel	Kohler, Schweiz	92,– SFr	1993	60
Köhler, Handstandläufer	Lankes, Hof	520,–	1993	37
desgl.	Lösch, Worms	330,–	1992	37
Chein, Handstandläufer	Lösch, Worms	210,–	1992	37
Bell, Eselreiter	Lösch, Worms	300,–	1993	51
Gama, Schaukelesel	Lösch, Worms	180,–	1992	55
desgl.	Lankes, Hof	380,–	1993	55
Clown mit Schirm, OV	Lösch, Worms	200,–	1992	69
desgl. mit besch., OV	Lankes, Hof	140,–	1993	69
Schuco, Clown mit Spitzhut	Henry's Mutterstadt	750,–	1993	17

ANSCHRIFTEN/ADRESSES:

Sotheby's London, 34-35 Bond Street, London W1A 2 AA, Großbritannien

Sotheby's New York, 1334 York Avenue, New York, NY 10021, USA

Auktionshaus Lankes, Klosterstr. 22, 95028 Hof

Kunstauktionshaus Waltraud Boltz, Brandenburger Str. 36, 95448 Bayreuth

Auktionshaus für antikes Spielzeug, Christine Kohler, Postfach.
CH-8414 Buch am Irchel, Schweiz

Dorotheum, Dorotheergasse 17, A-1010 Wien, Österreich

Auf guten Spielzeugmärkten ist das Angebot in der Regel größer als bei Auktionen. Oft sind Sammlerstücke auch mehrfach vorhanden, so daß Qualitäts- und Preisvergleiche möglich sind. Spielzeugmärkte bieten auch ausgezeichnete Gelegenheit zur Information und Anknüpfung von Kontakten zu anderen Sammlern. Auf den wenigsten Modellspielzeug- und Puppenmärkten sind hin und wieder auch mechanische Blechfiguren zu finden, und weite Anreisen führen meist zu einer Enttäuschung. Auch das Attribut „international" ist kein zuverlässiges Indiz für einen guten Markt; manche Veranstalter schmücken sich schon damit, weil gelegentlich ein Besucher aus einem Nachbarland oder ein im Lande lebender Ausländer vorbeischaut.
In folgenden Städten finden regelmäßig Spielzeugbörsen mit einem gehobenen Angebot und einer reichen Auswahl an Blechspielzeug statt:

„Toymania", Paris

„London International Toy & Doll Show", London

„Wittringer Spielzeugmärkte", Gladbeck-Wittringen (Motel Van der Valk und Wasserschloß Wittringen)

There are usually more items on offer at good toy markets than there are at auctions. Sometimes more than one of the same kind of collector's item is on offer, so that it's possible to make a quality and price comparison. Toy markets also present a very good opportunity to gather information and to get to know other collectors. Mechanical tin toys can only be found occasionally at model toy- and doll markets, usually long journeys end in disappointment. The attribute "international" does not necessarily indicate that the market is commendable; some promoters simply use it because the odd visitor or so from a neighbouring country, or a foreign countryman sometimes drops in to have a look around.
There are regular toy exchanges in the following cities which have a superior choice, and a wide selection of tin toys.

„Süddeutsche Europatauschbörse für Altes Spielzeug", Bruchsal (Sporthalle)

Eisenbahn-, Puppen- und Spielzeugmärkte, Böblingen (Kongreßhalle)

Die Veranstaltungstermine und Anschriften für diese und andere Veranstalter von Spielzeugbörsen mit mehr lokaler Bedeutung sind in verschiedenen Sammlerzeitschriften zu finden, die auch regelmäßig oder gelegentlich über Blechspielzeug berichten. In diesen Blättern inserieren auch häufig Händler, die sich auf altes Blechspielzeug spezialisiert haben. Außerdem bieten sie preiswerte Kleinanzeigen für den Ankauf, Verkauf und Tausch.

The dates and addresses of these and other local toy exchanges etc. can be found in various collecting magazines. From time to time these also print articles on tin toys. Traders, who specialize in old tin toys, often advertise in them too. The classified columns are also cheap methods of information about buying, selling or exchanging.

ANSCHRIFTEN/ADRESSES:

Puppen & Spielzeug, Internationales Sammlermagazin, Stresemannstraße 20-22, 47051 Duisburg

Antique Toy World Magazine, P.O. Box 34509, Chicago, Illinois 60634, USA

Trödler & Magazin Sammeln, Pfaffenhofener Str. 3, 85293 Reichertshausen

Sammler Journal, Schmollerstr. 31, 74523 Schäbisch Hall

LITERATUR/LITERATURE:

Bachmann, Manfred (Hrsg.), Der Universal-Spielwaren-Katalog 1924 mit Neuheiten- Nachtrag 1926, Leipzig 1985

Bavaria-Weihnachts-Katalog 1928

Bestelmeier-Katalog, Magazin von verschiedenen Kunst- und anderen nützlichen Sachen mit 1111 Abbildungen (Nachdruck), Zürich 1979

Cieslik, Jürgen und Marianne, Ein Jahrhundert Blechspielzeug, München 1981

Die Anderen Nürnberger, Band 1 - 7, Frankfurt

Der Universal-Spielwaren-Katalog 1926, Neuheiten Nachtrag

Hildebrandt, Paul, Das Spielzeug im Leben des Kindes, Nachdruck der Ausgabe 1904, Düsseldorf 1979

Markschiess-van Trix, J. und Nowack, Bernhard, Artisten- und Zirkusplakate, Leipzig 1975

Schmitt, Christian W. und Degener Volker, Zirkus Geschichte und Geschichten, München 1991

„Clown the Magician" ist ein typischer japanischer Batterie-Automat der 60er Jahre. Der Körper neigt sich nach rechts und links, der Hut wird auf- und abgesetzt, die linke Hand wickelt das ziehharmonikaähnliche Kartenpaket zusammen, und die Nase leuchtet. Höhe: ca. 33 cm.

"Clown the Magician" is a typical Japanese battery automaton from the sixties. The body bends to the right and the left, the hat is lifted and donned, the left hand grips the accordion-like pack of cards and the nose lights up. Roughly 33 cm high.

Weitere Bücher für
Puppen-, Spielzeugliebhaber und Sammler

Sabine Reinelt
Lenci – Dekorativ und extravagant
Zauberwelt der Lenci-Puppen
Sabine Reinelt, die bekannte Puppenexpertin, schreibt
über die berühmten Filz-Puppen aus Italien.
zahlr. Farbabb. 88 Seiten, geb.
21,5 x 29 cm, dt./engl. Text
ISBN 3-87463-156-7

Gabriele Bothen-Hack/Karin Schrey
Das Puppenparadies
Puppen von 1880-1920
Lassen Sie sich vom Teddy „Primus" in das Puppenpa-
radies entführen. Die Autorinnen haben eine wohlbehü-
tete Puppensammlung von musealem Wert entdeckt
und stellen diese exquisiten Antikpuppen zum ersten
Mal vor.
75 Farbabb., 108 Seiten, geb., 24,5 x 31 cm
ISBN 3-87463-183-4

Hildegard Günzel
Puppenträume/Doll Fantasies
Traumhafte Puppen von besonderem Rang
Eine der bekanntesten deutschen Puppenkünstlerinnen,
Hildegard Günzel, berichtet über die gemeinsame erste
Stunde neuzeitlicher Puppenkunst in Deutschland und
stellt ihre neueste Kollektion vor.
ca. 50 Farbabb., 56 Seiten, geb., 23,5 x 27 cm,
dt./engl. Text
ISBN 3-87463-184-2

Käthe Kruse
Kuddelmuddel, 2. Auflage
einige s/w Abb., 70 S., geb., 14,5 x 21 cm
ISBN 3-87463-182-6

Käthe Kruse
Das große Puppenspiel
Mein Leben
Die Autobiographie der beliebten Künstlerin – in einer
neugestalteten Auflage
32 s/w Abb., 200 S., geb., 14,5 x 21 cm
ISBN 3-87463-185-0

Christa Langer
Das Glückskind
Käthe Kruse und ihre Werkstatt in Bad Pyrmont
Wichtige Jahre in der Firmengeschichte Käthe Kruses
werden zusammenfassend dargestellt und die Puppen
in einem umfangreichen Bildteil gezeigt.
zahlr. Farbabb., 56 Seiten, geb., 19,5 x 23 cm
ISBN 3-87463-180-x

Ingrid Schäfer
Klingendes Spielzeug
Kinderrasseln aus aller Welt
Das erste Spielzeug, das seit Jahrtausenden und in aller
Welt Mütter ihren Kindern in die Hand geben, ist die
Rassel. Sie kann ein schlichter Vogel aus Ton sein oder
ein mit Edelsteinen geschmücktes goldenes Kunstwerk.
zahlr. Farbabb., 96 Seiten, geb., 19,5 x 23 cm
ISBN 3-87463-181-8

Dieter Warnecke
Technofix
Die Geschichte der Gebrüder Einfalt
History and Products
Dieses Buch dokumentiert erstmals die 56jährige
Produktion einer der größten Spielzeugfabriken
anhand von Originalkatalogen und informiert die
Sammler über marktübliche Preise.
40 farbige und 61 s/w Abb., 112 Seiten, kart.,
21,5 x 29 cm, dt./engl. Text
ISBN 3-87463-188-5

Ulrike Zeit
Künstler machen Puppen für Kinder
Von Marion Kaulitz bis Elisabeth Pongratz
Beginnend mit den Reformpuppen des Münchener Krei-
ses um Marion Kaulitz verfolgt dieses Buch eine Ent-
wicklung von Puppenkünstlern wie z. B. Käthe Kruse,
Sasha Morgenthaler und Lotte Sievers bis hin zu Elisa-
beth Pongratz, deren Anliegen es ist, dem spielenden
Kind eine feinfühlig gestaltete Puppe zu geben, die
nicht nur ein begehrtes Sammlerobjekt ist.
ca. 50 s/w und Farbabb., 84 Seiten, geb., 19,5 x 23 cm
ISBN 3-87463-191-5

Waltraud Rusch
Zeitzeuge Puppe
Spielzeug der Jahrhundertwende
Erstaunlich ist der überlieferte Bestand an deutschen
Porzellankopfpuppen aus dieser Zeit.
zahlr. Farbabb., 108 Seiten, geb., 19,5 x 23 cm
ISBN 3-87463-179-6

Christa Langer
Charakterpuppen
Vom Portrait zum Modell
From portrait to model
Anhand bisher unveröffentlichter Dokumente und
neuer Fotos werden die Vorbilder einer ganzen Reihe
von Charakterpuppenmodellen bestimmt und die
Künstler mit ihrer Arbeit vorgestellt. Durch bisher
unbekannte Informationen kann diese interessante
Periode der Puppenära nun neu belichtet werden.
108 Seiten, 60 farbige und 50 s/w Abbildungen
deutsch/englische Texte, 24,5 x 31 cm, gebunden
ISBN 3-87463-200-8

Carin Lossnitzer
Puppenspielen,
Puppensammeln,
Puppenmachen
Das Buch schildert Carin Lossnitzers Lebenswerk, in
dem sich die Geschichte der Puppenbewegung wider-
spiegelt. Bekannt wurde sie mit ihren CARLOS-Pup-
pen, die ersten von Künstlerhand entworfenen, indu-
striell hergestellten Vinylpuppen für Sammler.
64 Seiten, 45 farbige Abbildungen,
dt./engl. Text, 23,5 x 27,5 cm, gebunden
ISBN 3-87463-201-6